트랜스
시대의
트랜스
브랜딩

세계 최초의 트랜스 브랜딩 전략서
트랜스 시대의 트랜스 브랜딩

지은이	장동련, 장대련
일러스트	장동련
콘텐츠 기획	권승경, 이보람
진행 도움	전화영, 이현희, 윤현필, 김미영
초판 1쇄 발행	2014년 3월 7일
3쇄 인쇄	2015년 6월 26일
3쇄 발행	2015년 7월 3일
발행처	이야기나무
발행인/ 편집인	김상아
출판팀장	오성훈
기획/편집	김정예, 박선정, 김예니, 윤정연
홍보/마케팅	한소라, 윤해민, 김영란
디자인	디자인스튜디오203
디자인 담당	디자인스튜디오203 김민혜
표지 사진	내일스튜디오 최연국
인쇄	(주)중앙P&L
등록번호	등록번호 제25100-2011-304호
주소	서울시 마포구 양화로10길 50 마이빌딩 5층
전화	02-3142-0588
팩스	02-334-1588
이메일	book@bombaram.net
홈페이지	www.yiyaginamu.net
페이스북	www.facebook.com/yiyaginamu
블로그	blog.naver.com/yiyaginamu

ISBN 978-89-967528-9-9
값 18,000원

© 장동련, 장대련

이 책은 저작권법에 따라 보호받는 저작물이므로 무단전제와 무단복제를 금하며,
이 책 내용의 전부 또는 일부를 인용하려면 반드시 저작권자와 이야기나무의
서면동의를 받아야 합니다. 잘못된 책은 구입하신 곳에서 교환해 드립니다.

이 도서 내에 사용된 일부 작품은 SACK를 통해 ADAGP와 저작권 계약을 맺은 것입니다.
저작권법에 의하여 한국 내에서 보호를 받는 저작물이므로 무단 전재 및 복제를 금합니다.

「이 도서의 국립중앙도서관 출판시도서목록(CIP)은 서지정보유통지원시스템
홈페이지(http://seoji.nl.go.kr)와 국가자료공동목록시스템(http://www.nl.go.kr/
kolisnet)에서 이용하실 수 있습니다.(CIP제어번호: CIP2014007223)」

트랜스 시대의 트랜스 브랜딩

장동련
장대련

이야기나무

항상 지혜로운 통찰로 변화 관리의 롤모델이
되어 주신 아버님께 이 책을 바칩니다.

CONTENTS

PROLOGUE
들어가는 말

과거–현재–미래, 트랜스 미디어 시대로 스며들다 | 장동련

개방적이고 융합적인 트랜스 사고를 촉구한다 | 장대련

CONTENTS

CHAPTER 1.
변화를 바라보는 새로운 시선, 트랜스

01 트랜스의 정의와 가능성
02 분야별 트랜스의 변천사
03 트랜스의 8가지 키워드

트랜스는 어느 날 갑자기 새롭게 태어난 개념이 아니다.
예술을 비롯한 사회의 전 분야에서 세상을 바꾸는 흐름이 출현할 때마다
겪었던 모든 변화의 모습이 바로 트랜스였다. 트랜스라는 개념의 정의와 회화,
조각, 건축 등의 각 분야에서 나타난 트랜스의 특징을 들여다보면 세상을
바라보는 새로운 눈을 뜰 수 있을 것이다.

022

CHAPTER 2.
트랜징과 트랜스 미디어

<u>01</u> 트랜징이란?
<u>02</u> 트랜스 미디어의 등장
<u>03</u> 트랜스 미디어의 특징

트랜징과 트랜스 미디어는 세계그래픽 디자인협의회, 이코그라다의 홈페이지를 통해 "장동련과 장대련(Chang&Chang, 2011)의 〈Transing, living in the age of multi level change〉"라는 제목의 기사를 통해 처음으로 소개되었다. 장동련, 장대련 교수가 트랜스와 미디어를 결합해 새롭게 제시하는 이론을 이해한다면 격변하는 시대를 통찰하는 프레임을 발견할 수 있을 것이다.

CHAPTER 3.
트랜스 시대의 브랜딩

01 트랜스 브랜딩이란?
02 트랜스 브랜딩의 실행 로드맵

트랜스 현상이 어떻게 노출되어 있는가를 확인하는 방법은 여러 가지가 있다. 그중에서 가장 즉각적으로 확인할 수 있는 방법은 브랜드를 들춰 보는 일이다. 대중에게 많은 사랑을 받고 있는 브랜드일수록 트랜스 현상을 브랜드 전략에 활용하고 있다. 트랜스라는 광범위한 변화에 직면한 브랜드가 어떻게 대처하고 있는지 이해하면 트랜스에 대한 감각을 키울 수 있을 것이다.

CHAPTER 4.
트랜스 브랜딩 사례

01 Transparent Branding :
   브랜드의 진정성과 지속 가능성을 보여주어라

02 Transitional Branding :
   지속적으로 변천하는 브랜드 속성을 이해하라

03 Transformable Branding :
   가시적인 역동성으로 소비자와 상호작용하라

04 Transcendent Branding :
   초월적인 매력으로 차별화하라

기업의 브랜딩 현장은 트랜스 현상이 가장 활발하게 나타나는 곳이다. 대중의 입맛에 적응해야 하는 것은 물론 새로운 수요 창출을 위해 골몰하는 것이 브랜딩이기 때문이다. 브랜드 전문가라면 반드시 기억해야 하는 사례를 엄선하고 해당 사례를 트랜스와 미디어라는 키워드를 통해 새로운 통찰을 제공한다.

CHAPTER 5.
트랜스 생각들

01 김홍탁 | 참여와 공유, 진정성으로 광고의 새로운 해법을 제시하다
02 정영웅 | 보이지 않는 디자인을 공감각적 커뮤니케이션으로 설계하다
03 권기정 | 디지털 콘텐츠의 특별함을 사용자 경험과 연결하다
04 여준영 | PR을 위한 유기적인 통합 체계를 구축하다
05 한명수 | 복잡함과 공감의 시대, 행동을 유발하는 감성 플랫폼이 중요하다

다양한 분야에서 트랜스 현상에 부합하는 활약을 보인 대표적인 인물을 선별했다. 국내외 광고, 미디어, PR, UX 디자인 영역에서 두각을 나타내고 있는 전문가를 통해 트랜스와 브랜딩의 미래를 심도 깊게 다루었다. 브랜드 전문가를 지망하는 학생과 실무자는 물론 트렌드를 주도해야 하는 기업의 CEO라면 생생한 실무 현장의 경험과 함께 트랜스 시대를 살아가는 지혜를 얻을 수 있을 것이다.

APPENDIX
참고문헌
이미지 출처

과거–현재–미래,
트랜스 미디어 시대로 스며들다
장 동 련

개방적이고 융합적인
트랜스 사고를 촉구한다
장 대 련

과거-현재-미래,
트랜스 미디어 시대로 스며들다

장 동 련

대학 시절, 나에게 가장 많은 영향을 주었던
닐 후지타Neil Fujita 교수는 다양한 교통수단을 통해
학교까지의 여정을 경험해 보라고 조언했다. 택시, 지하철,
버스, 걷기 등 각기 다른 방법에 따라 경험이 달라지고
다양한 지혜를 얻을 수 있기 때문이라고 했다. 그 기억이
인상 깊었던 나는 지금도 우리가 살고 있는 도시와 이
시대를 이해하기 위해 출퇴근할 때 다양한 교통수단을
이용한다. 특히 지하철을 타면 재미있는 광경이 펼쳐진다.
앉아 있거나 서 있는 사람들 모두 자신의 스마트폰을 보고
있다. 이러한 풍경은 비단 지하철이라는 공간에서만이
아닌, 언제 어디서나 볼 수 있는 익숙한 광경이다. 이제
스마트폰은 연령과 성별 구별 없이 모든 사람에게 필수

연장처럼 되어 버렸다. 언제든 인터넷에 접속해 사회와 연결된 느낌을 경험하고 공유하는 세상 속에서 사는 것이다.

90년대부터 대두된 개인 이동통신 문화는 2000년 중반에 등장한 스마트폰의 열풍 이후, 더욱 다이내믹한 변화를 만들어 내고 있다. 이제 휴대폰은 단순히 연락하기 위한 기능을 넘어서 컴퓨터 성능에 버금가는 능력을 발휘하며, 정보와 엔터테인먼트를 위한 확장 미디어이자 개인에 관한 모든 정보를 운영하는 기기가 되었다. 특히 우리나라는 인구수 대비 스마트폰을 가장 많이 보유하고 있는 국가이며, 새로운 휴대폰으로 교체하는 기간이 가장 짧은 나라이기도 하다. 또한, 디지털 환경을 둘러싼 우리나라의 기술 수준은 매우 높아서 다른 나라에 머무를 때에는 불편함을 느낀다. 이처럼 미디어는 국가와 국민의 수준을 좌우하는 상당히 복합적인 의미를 지닌다. 2011년, 박찬욱 감독이 영화 〈파란만장〉을 아이폰으로 촬영하고 세계 최초로 극장 개봉에 성공한 후, 제61회 베를린국제영화제에서 최우수상에 해당하는 황금곰상을 받은 것은 디지털의 무한한 가능성을 시사한다.

우리나라가 20년 동안 급성장한 배경에는 여러 이유가 있겠지만 무엇보다 디지털 미디어를 활용하는 적극성이 크게 작용했다. 미디어 환경의 변화를 예측할 수 있다면, 우리는 보다 나은 미래를 준비할 수 있을 것이다. 소셜 미디어의 등장에 기업이 당황하는 이유는 기존의 일방향적 성격을 뛰어넘는 새로운 미디어의 특성을 제대로 파악하지 못하고 소비자와 교감할 수 있는 준비를 제대로 하지 못했기 때문이다. 새로운 미디어의 특징을 파악하고 제대로 활용하는 기업은 다른 기업보다 더 빨리 변화하는 환경에 적응할 수 있다. 우리는 미디어에 적응할 수 있는 능력을 갖춰야 한다. 각각 종사하고 있는 전문 분야에서 변화가 시사하는 것을 명확히 이해하고 위기와 기회를 지혜롭게 파악해야 한다. 디자이너라면 적절한 기술과 감성을 복합적으로 표현하는 방안을 마련해야 하며 다른 직무의 직장인이라면 관련 미디어 트렌드나 기술적 특성, 협력 방안 등을 업무와 연결해 효율을 높여야 한다. 또한, 학생은 학교에서 제공하는 정형화된 교육을 넘어서서 보다 넓은 의미로 개인의 능력을 보강해야 할 것이다.

미디어는 우리의 예상을 뛰어넘는 어마어마한 가능성을 갖고 있다. 미디어는 과거부터 우리의 삶과 함께해 왔고, 현재도 함께하고 있으며, 미래의 운명도 좌우할 것이다. 기술의 발전은 항상 부작용을 동반한다. 따라서 미디어 역시 윤리적인 면을 고려하며 발전해야 할 것이다. 모든 것은 변화한다. 기업도, 브랜드도, 동시대를 살아가는 사람과 시장 환경까지 끊임없이 진화하고 있다. 변화의 속도는 점점 더 빨라져 '변화'라는 단어 자체로는 복잡하고 미묘한 상황을 전부 설명하기에 부족하다.

이제는 변화를 대체하는 새로운 용어가 필요하다. 나는 그것을 '트랜스^{TRANS}'라고 말하고 싶다. 트랜스는 미디어의 폭발적 현상으로 기술과 감성이 조화를 이루며 횡단, 초월, 변형하는 세상을 보다 쉽게 설명해 주는 개념이 될 것이다. 『트랜스 시대의 트랜스 브랜딩』은 우리가 삶에서 경험할 수 있는 다채로운 트랜스 현상에 관해 이야기한다. 트랜스는 미래를 이야기하는 용어가 아니다. 과거에서부터 존재했던 변화에 대한 새로운 시각으로 우리의 삶과 함께 진화하고 있다.

개방적이고 융합적인
트랜스 사고를 촉구한다

장 대 련

얼마 전 아주 오랜만에 연세대 MBA 멤버와 함께 핀란드에 다녀왔다. 1990년대 초, 나는 핀란드의 헬싱키 경영대학원에서 기업의 임원과 MBA를 수료 중인 학생들에게 몇 차례 마케팅 강의를 했었다. 여러 추억 중 가장 인상적이었던 일 하나만을 회고한다면 그 당시 나의 수업을 수강한 한 경영자의 자기소개였다. 그는 유명하지 않은 기업을 경영하고 있다고 했는데, 그 기업 이름이 바로 노키아^{Nokia}였다.

그는 노키아가 고무장화와 목재 등 산업용 제품을 주로 생산하고 있다고 설명하며, 모험이기는 하지만 앞으로 다각화 차원에서 통신 쪽으로 확대할 계획이라고 당차게 말했다. 20년 전 노키아는 이처럼 백지 상태에서 이동통신 시장에 출사표를 던졌고, 불과 몇 년 안에 세계 이동통신 단말기 시장 1위 회사가 되었다. 노키아가 전성기를 누릴 때 '그때 노키아 주식을 좀 사둘걸.' 하며 나 자신을 질타하곤 했다. 그런데 이 이야기의 끝은 해피엔딩이 아니다.

스마트폰의 등장으로 노키아의 몰락이 성공보다 훨씬 짧은 시간 안에 이뤄졌기 때문이다. 오래전부터 핀란드에 다시 가서 노키아를 벤치마킹해야겠다고 별렀으나 결국 이번 방문은 기업이 어떻게 성공하느냐가 아닌, 어떻게 실패를 모면할 수 있는가를 연구하기 위한 것이 되었다. 우리가 사는 세상은 노키아의 상황과 크게 다르지 않다. 성공 궤도에 안착했다고 생각하는 순간, 회사의 방향이 대세와 어긋나 큰 위기를 맞이할 수 있다.

대부분 경영에서 중요한 것은 시스템이 라고 생각한다. 시스템이란 정형화된 운영 방식, 지속적인 조직 학습, 그리고 획일적인 인적 자원 관리가 필수다. 노키아를 비롯해 시대 변화에 뒤처진 기업의 시스템 자체에는 문제가 없다. 그들의 실패 원인은 시스템의 문제가 아니라 시스템에 대한 과신과 경직성에 있었다. 한국 기업이 다른 선진국에 비해 확고한 시스템이 없다고 걱정하는 경영자와 학자도 있지만 격변하는 환경에 맞춰 시시각각 변화하는 조직이 생존할 가능성이 높다. 업종과 국가 그리고 시대에 따라 거침없이 모습을 바꿔야 한다. 한국 기업은 이러한 적응력과 순발력을 최고의 경쟁력으로 삼아야 한다. 이 능력이 바로 트랜스 개념의 일환인 전환성[Transformability]이다. 핀란드를 다시 방문하면서 옛날에 강의할 때 정들었던 사람들이 혹시라도 패배 의식에 젖어 있을까 봐 걱정했다. 이런 내 걱정이 무색하게도 사람들은 '실패는 성공의 어머니'라며 노키아의 상처를 건강하게 회복하고 있었다. 노키아를 퇴사한 수천 명 임직원은 수백 개의 중견, 중소, 그리고 벤처기업으로 들어갔다. 그들 모두가 노키아에서 얻은 경영 노하우와 지혜를 바탕으로 저변을 확대하고 있었는데, 대표적인 성공 사례가 바로 앵그리버드 게임을 만든 로비오[Rovio]이다.

핀란드는 저변의 확대를 위해 각각 100년이 넘는 역사를 자랑하는 경영, 디자인, 기술 대학을 합병해 알토대학교[Aalto University]를 출범했다. 학제 간 벽을 허물어 융합적 안목을 청년 시절부터 키워 주기 위해 도입한 과감한 시도였다. 핀란드는 트랜스라는 개념을 국가적으로 수용한 듯했다. 자칫하면 혼란과 좌절감을 야기할 수 있었던 최대 기업의 쇠락은 이들에게 확실히 약이 됐다.

우리 사회는 언제부터인가 성공을 강요하고 실패는 용납하지 않는다. 하지만 성공과 실패는 결과에 불과한 것이므로 진정으로 혁신이 지속 가능한 사회로 발돋움하려면 과정을 중시해야 한다. 개방적이고 융합적인 사고를 촉구하는 『트랜스 시대의 트랜스 브랜딩』이 그러한 정신을 우리나라에 확산시키는 데 작은 보탬이 되었으면 한다.

CHAPTER 1

변화를
바라보는
새로운 시선,
트랜스

01 트랜스의 정의와 가능성

- 변화의 중심에서 트랜스를 바라보다
- 트랜스의 다양한 학문적 지식들
- 트랜스의 가능성에 대하여

02 분야별 트랜스의 변천사

- 트랜스, 변화하는 오늘을 바라보는 법
- 트랜스 회화
- 트랜스 조각
- 트랜스 건축
- 트랜스 영화
- 트랜스 그래픽 디자인
- 트랜스 미디어 아트

03 트랜스의 8가지 키워드

- 트랜스를 예견한 8가지 징후
- 아날로그에서 디지털로
- 고정된 모습에서 이동성을 띤 모습으로
- 개인에서 다수의 네트워크로
- 직접적인 방법에서 간접적인 방법으로
- 고체 형태에서 유동직인 형태로
- 수직에서 수평으로
- 제로 타임에서 시간축 경쟁으로
- 상업적인 것에서 오픈 소스로

01
트랜스의 정의와 가능성

변화의 중심에서 트랜스를 바라보다

기술의 발달로 미디어 환경이 크게 변화하고 있다. 특히 디지털 기술의 발전은 기존 커뮤니케이션 구조를 크게 바꿨으며, 다양한 뉴미디어의 출몰은 더욱 예측 불가능하고 역동적인 마케팅 환경을 만들고 있다. 불확실성으로 대변되는 오늘날은 모든 삶의 영역에서 개개인의 감성과 라이프 스타일이 변하고 있다. 지금의 패러다임 속에서 '변화'는 너무나 익숙한 단어가 되었다. 변화라는 키워드는 그리 새롭다고 할 수 없는, 마케팅과 디자인 업계뿐 아니라 사회과학 분야에서 오래전부터 중요하게 등장했던 화두였다.

오늘날 가속화되는 미디어의 확장과 영역 간 경계가 허물어지고 있는 격동기를 설명하기에 '변화'가 포괄하는 의미는 부족하다.

이제는 변화, 그 이상의 의미로 '트랜스'를 주목해야 한다. 트랜스는 조금 더 근본적인 관점에서, 달라진다[Different]는 변화[Change]의 의미 그 이상으로 초월한다[Transcend=Be Beyond]는 의미가 있다. Trans는 라틴어로부터 파생한 접두사로서 '~를 가로질러, ~를 넘어서' 라는 뜻을 담고 있다. 우리는 일반적으로 Transportation과 Transfer와 같은 단어를 운반이나 전달이라는 뜻으로 사용하는데, 여기서 트랜스는 장소, 상태, 또는 사람 사이에 특징을 서로 '연결한다[Connect]'는 의미를 함축한다.

다시 말해 트랜스는 가로지르고 통과하는 횡단[Transcontinental]이라는 의미에서 더 나아가, '초월'을 뜻한다. 이것은 인간의 육체적, 정서적 부분을 포함해 동시대적으로 일어나는 다양한 변화의 과정을 설명한다. 트랜스는 대중적 삶의 모든 면을 수용하는 것이다. 변화를 수용할 수 있는 능력은 향후 모든 분야에서 승자와 패자를 결정하는 주요 요소가 될 것이다. 이것이 우리가 트랜스에 집중해야 하는 이유다. [1]

트랜스의 다양한 학문적 정의들

트랜스와 관련한 선행 연구들을 살펴보자. 탈경계 인문학에 관한 연구에서 조윤경은 다음과 같이 말했다.

트랜스란 가로지르고 초월하고 경계를 통과하는 과정으로, 전이하고^{Transfer}, 초월하고^{Transcend}, 침투하고^{Trespass}, 위반하는^{Transgress} 것을 의미한다. 또한 종단^{縱斷}이 아닌 횡단^{橫斷}, 즉 수직적이나 위계적이 아닌, 수평적이며 네트워크적인 이동을 지향하며, 통시적이라기보다 공시적이며 동시대적인 담론을 내포한다. 트랜스는 일종의 단일 혼합체를 상정하는 패러다임이어서 경계는 흐릿하고 유동적이며 비정형적이다. 트랜스의 패러다임에서 하나의 형태는 하나 이상의 아이덴티티를 품고 있어서 상황에 따라 다른 모습으로 변환될 수 있으며, 변모하게 하는 힘은 내부에서 외부로 향할 수도 있고 외부에서 내부로 향할 수도 있다. [2]

한편, 한국어문학회 연구에서 신광철은 트랜스의 개념에서 '넘나들기' 의미를 보완할 필요가 있다면서, '종단이 아닌 횡단'이라기보다 '종횡무진^{縱橫無盡}' 쪽에 더 가까울 것[3]이라고 하였고, 최용호는 인터^{Inter}가 관계를 중시하는 것에 반해 트랜스는 시공간적 움직임을 강조한다[4]고 했다.

『트랜스, 아시아 영상문화』라는 책에서 김소영은 트랜스를 '횡단하고 통과하면서 동시에 넘어서는 존재가 다른 상태로 전이하는 것'[5]이라고 정의하기도 했다. 『트랜스포밍, 변화에 대한 당신의 상식을 의심하라』라는 책에서는 트랜스와 폼^{Form}이 결합한 '트랜스폼^{Transform}'이라는 단어를 변형시키는 것, 완전히 바꿔 놓는 것[6]이라는 두 가지 의미로 설명했다.

로지 브라이도티^{Rosi Braidotti}는 그녀의 저서 『트랜스포지션: 유목적 윤리학』에서 '트랜스포지션'이란 위치를 맞바꾸기만 하는 것이 아닌, 여러 위치를 가로지르고 상이한 관점에서 다층적으로 바라보는 것[7]이라고 밝혔다.

로지 브라이도티
세계적인 여성학자로 유목이라는 개념을 새로운 가치를 창조하는 정신으로 정의하고 다양한 분야의 철학과 접목했다.

트랜스의 가능성에 대하여

이처럼 트랜스는 현시대에서 한 가지로 설명하기 어려운 복합적인 현상을 대변하는 적절한 용어다. 주체와 객체 구분 없이 능동적인 상호작용을 통해 서로 영향을 미치면서 초매체적으로 연결되는 모든 움직임 속 다양성을 포괄하는 개념이 바로 트랜스다.

지금은 초학제적 또는 초분야적 융합이 필요한 시점이다. 이제 융합을 고려할 때 단순히 이질적인 것의 결합을 넘어서 트랜스를 생각해야 한다. 20세기 후반부터 가장 두드러진 현상 중 하나가 바로 예술이나 학문 분야에 있어서 경계가 허물어졌다는 것이다. 특히 후기구조주의, 해체주의가 등장하면서부터 이러한 현상은 전 세계적으로 확산되었다. 서로 분리되어 있던 것을 새롭게 조합하려는 시도가 생겨났다. 이러한 시도는 커뮤니케이션 상호작용을 통해서 계획하지 않은 상태에서 발생하거나 예측하지 못한 형태의 결과로 나타나기도 한다.

서로 다른 영역과 대면했을 때 고유한 영역에서는 바라볼 수 없었던 한계와 취약점을 발견하게 한다. 그것은 갇힌 세계로부터 탈출하는 출발점이라고 할 수 있다. 자신의 테두리나 중심에서 벗어나 다른 각도에서 재조명하며 시작하는 것이다. 여기서 우리는 보다 새롭고 창조적인

문화의 가능성을 발견할 수 있다. 그리고 이러한 변화의
가능성은 그동안 의식하지 못했던 트랜스 현상으로
우리 곁에 있었다.

변화하는 미디어 환경을 파악하고 예측할 수 있다면
우리는 보다 나은 미래를 준비할 수 있을 것이다.
각자 자신이 종사하고 있는 전문 영역에서 변화가
시사하는 점을 명확히 이해하여 그 변화에 따르는 기회와
위협을 지혜롭게 파악해야 한다. 우리는 결국 누구에게도
의존하지 않고 자신만의 능력으로 미디어의 변화 속에서
생존할 수 있어야 한다.

02
분야별 트랜스의 변천사

트랜스, 변화하는 오늘을 바라보는 법

트랜스는 오늘날의 모습을 가장 잘 설명해 줄 수 있는 개념이며 현재 새롭게 떠오르는 용어임에 틀림없지만, 트랜스적 시도는 과거에서도 찾아볼 수 있다. 우리의 과거, 현재, 미래는 서로 연결되어 있기에 과거를 돌이켜 보는 것은 매우 중요한 일이다.

디지털 미디어가 등장하기 이전, 넓은 의미의 미디어 폭발이 있었던 때와 기존 관습과 다른 새로운 시도가 일어났던 순간도 그 당시의 기준에서는 트랜스라 말할 수 있다. 시대의 변화와 흐름에 따라 트랜스 현상은 계속해서 나타나고 진화해 왔다. 따라서 트랜스 현상은 새로운 사건이라기보다 과거에서부터 존재했었던 매체에 대한 새로운 시각이 더 적절한 표현일 것이다.

B.C. 17000년경의 회화 작품인 라스코동굴 벽화에서부터 조각, 미디어 아트, 그래픽 디자인, 건축, 영화 등에 이르기까지. 시간의 흐름에 따라 변천하는 트랜스 현상은 얼마든지 발견할 수 있다.

트랜스 회화

르네상스 이후 예술은 과학적 사고를 통해 풍부한 표현 수단을 확보하게 되었다. 또한 서양 미술사에 커다란 변화를 가져온 원근법은 인간의 시각에 기하학적 사고를 도입했다.

인상파 화가들은 과거의 규칙과 정설을 파괴하는 다양한 표현 기법을 소개했다. 인상파 화가들의 초기 작품에서 주목할 만한 점은 온전히 창의적인 사고로 사물을 전혀 다르게 바라본다는 것이다. 실제 형상을 명확하게 묘사했던 방법에서 벗어나 빛과 공기에 따라 수시로 바뀌는 다양한 색깔과 그림자를 표현함으로써 시간과 빛의 변화를 화폭에 담았다. 또한 자연 공간을 기하학적인 형태로 표현한 회화 기법도 나타났다.

19세기에 카메라가 발명된 이후 예술가는 원근법에 대항하는 새로운 관점을 찾아냈다. 클로드 모네^{Claude} ^{Monet}의 그림 〈루앙대성당 시리즈〉는 고정된 시선에 대상을 가두는 원근법을 거부한다. 지각의 대상인 성당 건물은 고정적이지만 우리의 눈은 빛의 변화에 따라 변하는 성당의 모습을 계속 추적한다. 19세기 중반부터 20세기 초중반에 걸쳐 지속된 이러한 아방가르드 예술운동은 예술과 일상을 결합하려는 시도였으며, 예술과 기술의 결합은 아방가르드 정신을 지속하는 원동력이 되었다. [8]

루앙대성당 시리즈
1892년부터 1894년까지 모네가 그린 연작 그림들. 계절과 날씨의 변화에 따른 동일한 대상의 모습을 화폭에 담았다.

마르셀 뒤샹, 〈계단을 내려오는 누드 2〉, 1912

또한 대상을 다양한 시점에서 바라보고 기하학적으로 재해석한 입체파, 속도와 기계를 숭배한 미래파가 등장했는데 이것은 새로운 관점과 표현 방식이었다. 입체파와 미래파의 등장으로 기존 원근법에서 벗어나 하나의 존재를 다양한 시점에서 본 여러 면의 복합체로 표현하기 시작했고, 사실주의적 투시법을 벗어나 3차원 현실 세계를 2차원으로 담아내는 등 다양한 트랜스 회화Trans Painting의 변화가 나타났다.

마르샬 뒤샹Marcel Duchamp의 작품 〈계단을 내려오는 누드 2〉는 가장 대표적인 트랜스 회화다. 이 작품에는 대상의 변화와 속도, 움직임을 한 화폭에 그려 내고자 하는 뒤샹의 열망이 담겨 있다.

앤디 워홀Andy Warhol은 소비문화를 근간으로 하는 팝아트를 기계적이며 '대량생산'이 가능한 실크스크린으로 제작해, 고정된 형태에 빛깔을 자유롭게 변화시켰다. 대량생산이라는 테마를 회화에 끌어들여 예술의 대중화를 시도했으며 이는 소수만이 예술을 향유할 수 있다는 과거의 인식을 뒤바꾼 계기가 되었다.

트랜스 조각

19세기 중반부터 20세기에 걸쳐 산업혁명이 일어나면서, 기계문명의 시대, 물질문명의 시대로 접어들었다. 이때 새로운 물질과 매체의 등장은 공간 개념에 변화를 가져왔고 그 영향은 조각에도 미쳤다. 산업화를 통해 회화와 조각에도 새로운 조형 매체가 나타난 것이다.

조각은 물성을 극대화하고 조각 자체에 자율성을 확보하는 방향으로 변했다. 그리고 조각과 실제 공간이 유기적인 관계를 맺고 서로 소통하기 시작했다. 사실적이고 자연적인 묘사를 벗어나 도무지 생명체를 연상할 수 없는 메커니즘과 무기성, 기하학적이고 추상적인 표현이 나타나기 시작했고, 정형화된 부피의 제한으로부터 해방을 시도했다. 이러한 현상을 비구상적인 3차원 공간에 표현하면서 새로운 공간 개념이 탄생했다. 새로운 공간 개념이란 '덩어리, 부피, 색'이라는 기본 요소를 갖춘 공간의 언어이자 물질적인 구조물을 새롭게 만든 것을 뜻한다.[9]

또한 정지한 모습 속에서 움직임을 표현하고자 했던 과거 3차원적 조각에 시간의 개념을 더해 4차원적 이미지로 표현하기도 했다. 시간의 흐름에 따라 그 형상이 끊임없이 변화하는 모습은 조각의 변화와 확장을 보여 주었다. 이는 과학과 예술을 접목하여 기존 조각을 뛰어넘은 트랜스 조각$^{Trans\ Sculpture}$이라 할 수 있다.

미래파는 20세기 초기 이탈리아의 예술 그룹으로 움직임, 속도, 변화와 기술의 감각을 표현하기 위해 기존의 표현 수단을 반항적으로 사용했다. 이러한 미래파의 운동을 가장 잘 보여 주는 작품은 움베르토 보치오니$^{Umberto\ Boccioni}$의 〈공간에 있어서 연속성의 특이한 형태〉이다. 이 작품은 대상의 움직임을 잘 포착하면서도 기존의 작업 방식을 거부했다. 그의 작품은 후에 다른 예술에서 보이는 비대칭 형태의 전조가 되었다는 평가를 받게 된다.

키네틱아트
작품이 고정되어 있지 않고 움직이도록 고안한 예술 장르다.

움직이는 조각인 모빌의 창시자이자 키네틱아트$^{Kinetic\ Art}$의 선구자로, 현대 미술의 범위를 더욱 확장한 알렉산더 칼더$^{Alexander\ Calder}$는 "피에트 몬드리안$^{Piet\ Mondrian}$ 작품을 움직이게 하고 싶다." 는 발상에 힘입어 움직이는 조각을 만들었다. 각 요소는 다른 조각과 결합해 움직임에 따라, 보는 각도에 따라 다른 모습이 나타났다. 금속판을 철사와 막대기로 연결한 그의 작품은 공기의 움직임에 따라 끊임없이 형상이 변하기 때문에 '4차원적 소묘'라 불리기도 했다. 이처럼 전통적인 조각은 모빌의 등장으로 연속성을 더한 4차원적 조각으로 확장되었다.

작품에 움직임을 선사한 예술 작품인 키네틱아트의 거장

테오 얀센, 〈해변생물〉,
1990~현재

테오 얀센Theo Jansen의 〈해변생물〉은 바람에 의해 움직이는 거대 조각이다. 델프트공과대학교Delft University of Technology에서 물리학을 전공했던 테오 얀센은 과학과 예술을 접목해 작품 자체가 스스로 걸을 수 있고 진화할 수 있도록 만들어 기존 조각을 뛰어넘는 시도를 했다.

트랜스 건축

20세기부터 21세기 초반까지는 물질이 해체된 디지털 세상이었다. 여기서 한 단계 진화해 재물질화$^{Re\text{-}materialisation}$의 시대로 접어들면서, 가상공간과 현실공간이 합쳐진 트랜스 건축$^{Trans\ Architecture}$이 생겨나고 있다.

트랜스 건축이란 건축을 넘어서는 건축으로 유동적인 건축$^{Liquid\ Architecture}$을 의미한다. 트랜스 건축은 연속적인 상황이 벌어지는 가상공간을 시작으로 내면세계, 실제세계, 또는 완전한 물질세계까지 관통하며 새로운 공간에 관한 탈현대성^{Postmodernity}을 드러냄과 동시에 보이거나 보이지 않는 것이 동시에 존재하게 한다. 현실과 가상의 영역을 공유하는 실험적 형태인 시공간은 건축에 시간을 더하여 새로운 개념을 만들었다. 건축에 생물의 개념이 더해져 건축에도 DNA가 생기고, 그것을 중심으로 변화하며 진화한다. 트랜스 건축은 공간만의 개념이 아니라, 사회 전반을 투영하는 가상공간의 반영이며 거대한 사회문화적 변화의 상징이다.

과거에는 건축물의 외장에 불과했던 물질적 재료가 트랜스 건축에서는 유동적인 미디어 파사드$^{Media\ Facade}$의 재료가 되기도 하며, 기존 방식을 탈피한 공간 개념으로 인해 건물 간 경계가 점차 허물어지고 있다. 인간의 정신세계가

미디어 파사드
건물 외벽에 LED 조명을 설치해 시각 정보를 담는 것을 말한다.

네트워크로 이주하고, 그 네트워크가 인간의 두뇌와 직접 통합되면서, 자신에게 알맞은 하이퍼 신체, 즉 도시를 요구하게 되었다.[10] 이처럼 건축에 시간과 공간, 정체성이 더해진 구조적 진화는 앞으로 새로운 도시 문화를 만드는 원동력이 될 것이다.

스페인 북부의 해안 도시, 빌바오에 조선소가 문을 닫으면서 쓸모없는 곳으로 변한 공간을 프랭크 게리Frank Gehry가 다시 디자인한 결과물이 바로 구겐하임 빌바오 미술관Guggenheim Bilbao Museum이다. 이곳은 스페인의 새로운 관광 명소로 자리매김하며 오늘날 '빌바오 효과'라는 신조어를 만들었다. 컴퓨터 테크놀로지를 활용해 만든 미술관의 조각들이 네르비온 강에 반사되어 팝아트와 같은 시각적 즐거움을 주며, 주변 건물과 잘 어우러지도록 디자인해 미술관 일대가 하나의 커다란 문화 예술 지구가 되었다.

프랭크 게리가 작업한 구겐하임 빌바오 미술관

기존 건축 방식을 탈피해 비틀어지고 굽은 티타늄 패널을
활용한 외관, 유리로 된 커튼과 벽, 석회암으로 마감된
미술관은 건물 자체가 예술 작품이라는 평가를 받고
있다. 건축물이 특정 도시나 지역의 브랜드가 되는 '브랜드
스케이핑 Brand Scaping' 현상은 구겐하임 빌바오 미술관을
거치며 더욱 진화되었다. 디지털 테크놀로지에 힘입어 무한
복제가 가능한 이 거대한 건축 오브제가 전 지구적 디자인
트렌드로 부상한 것이다.

감성 마케팅이 만연하면서 미디어 파사드는 감성적
메시지를 전달하기도 한다. 갤러리아 백화점은
밸런타인데이를 맞아 미디어 파사드를 사랑의 메세지를
전하는 소통의 도구로 활용해 감성적 접근을 시도했다.
특히 갤러리아 백화점의 미디어 파사드는 마치 건물의
피부처럼 건물 외벽을 휘감아 흐르는 특징이 있다. 백화점
건물이 도심 속 거대한 전광판이 되어 로맨틱한 메시지를
화려하게 연출한 것은 미디어 파사드가 브랜드와 소비자,
소비자와 소비자 간 상호소통의 공간으로 활용된 예이다.

티파니 TIFFANY & Co. 플래그십 스토어의 미디어 파사드는
티파니를 상징하는 초대형 블루 박스의 리본이 빛의
입자와 함께 풀리며 영상이 시작되었다. 한 줄기
빛이 건물을 비추다가, 순식간에 건물 전체를 거대한
다이아몬드 원석으로 뒤덮었다. 베이징의 티파니 매장이

베이징에서 진행된
티파니 플래그십
스토어의 미디어 파사드

뉴욕의 티파니 매장이 되기도 하고, 뉴욕을 아름다운 빛의 움직임으로 보여 주기도 했다. 파사드를 활용한 기존 이벤트는 건물의 한쪽 면에서만 볼 수 있었다면, 티파니 플래그십 스토어의 파사드 영상은 맞물린 건물의 두 면을 활용하고 건물의 모서리를 관람 포인트로 활용해 색다른 느낌의 공간감과 웅장한 스케일의 입체감을 연출했다. 디스트릭트가 티파니와 함께 베이징에서 진행한 파사드 연출은 하이퍼 파사드 기술과 입체 영상 연출력을 바탕으로 아트 퍼포먼스와 상업 광고의 경계를 뛰어넘는 새로운 개념의 연출이었으며, 파사드가 쥬얼리 컬렉션의 옥외 미디어 광고 영역으로 확장할 가능성을 보여 주었다.

트랜스 영화

영화는 인류의 삶을 표현하고 변화를 예견한다. 전 세계의 언어가 서로 다름에도 불구하고 사람들은 영화에 담겨 있는 스토리텔링을 통해 문화를 이해하며, 감독의 철학과 감성 등 여러 독창적인 생각을 경험할 수 있다. 게다가 지금은 콘텐츠가 일상이 된 시대이기 때문에 시간과 장소에 관계없이 다양한 미디어 플랫폼을 통해 쉽게 영화에 접근할 수 있게 되었다.

디지털 이미지를 자유롭게 변형하는 기술은 새로운 현실 공간을 창조해 냈고, 동영상의 역사에도 커다란 변화를 가져왔다. 조용했던 활동사진이 발성영화가 되고, 고화질 영화로 발전했으며 지금은 기술의 도움으로 몰입 환경까지 바꾸고 있다. 연극과 영화의 기본적 원칙인 제4의 벽은 영화 〈아바타〉에서 무너지고 말았다. 이 영화를 통해 관객은 영화 속 나비족 문화와 꿈의 층위를 더욱 생생하게 경험하며, 새롭고 다양한 현실의 변화를 수용하게 되었다. 가상 경험으로 인한 초현실주의적 트랜스 영화 Trans Movie를 시작으로 디지털 기술에 3D 입체 영상 기술을 도입한 새로운 패러다임의 영상 미하이 생겨나기 시작했다.

스마트폰이 등장하면서부터 미디어 기기를 통해 어디서나 동영상을 쉽게 볼 수 있게 되었으며, 미디어 또한 극장을

제4의 벽
객석과 무대 사이에 놓인 가상의 벽을 말한다.

넘어서 SNS를 통해 접할 수 있게 되었다. 유명 감독이 아니더라도 SNS를 통해 좋은 작품을 선보일 기회가 열렸고, 비주류에서 주류로 성장할 가능성도 높아졌다. 여러 미디어를 통합적으로 관리해야 함을 강조하는 '통합 미디어Integrated Media'의 개념 역시 끊임없이 진화하고 있다. 서던캘리포니아대학교University of Southern Califorina의 헨리 젠킨스Henry Jenkins 교수는 '트랜스 미디어 스토리텔링Trans Media Storytelling'이라는 신조어를 만들기도 했다. 트랜스 미디어 스토리텔링이란 다양한 스토리를 다양한 미디어 플랫폼을 통해 전송하는 것으로, 그로 인해 다채로운 구성과 경험이 가능하다는 개념이다. 이러한 현상은 〈매트릭스〉 3부작과 〈인셉션〉 같은 영화에서 더욱 뚜렷하게 나타났고, 글로벌 브랜드는 광범위한 미디어를 통해 젊은 소비자들에게 자신을 홍보하며 트랜스 미디어 스토리텔링을 적극 활용하고 있다.

영화 〈매트릭스〉의 한 장면

영화 〈매트릭스〉는 헨리 젠킨스 교수가 그의 저서
『컨버전스 컬처』를 통해 소개한 트랜스 미디어 스토리텔링의
대표 사례로, 미디어 컨버전스 시대의 대표적인
엔터테인먼트다. 〈매트릭스〉 1편의 예고편이 공개됐을 당시,
관객은 영화에 대한 궁금증을 해결하기 위해 제작자가
제공하는 다양한 미디어 플랫폼으로 그 숙제를 풀어야만
했다. 〈매트릭스〉는 하나의 거대한 서사를 다양한 미디어
플랫폼으로 전송해, 참여자가 집단 지성 Collective Intelligence 을
발산하는 새로운 경험의 장을 열었다. 영화로 관심을
확보한 후, 인터넷 만화로 열성 팬을 유지하고, 후속편을
발표하기에 앞서 애니메이션과 컴퓨터 게임을 발매했다.

〈매트릭스〉 시리즈를 통해 관객은 보이는 리얼리티와
보이지 않는 리얼리티의 다층화, 즉 양면화되어 현실과
가상이 동시에 존재하는 이중 구조를 확인할 수 있었다.
영화 속에서 등장인물은 현실 세계와 가상 세계를
왕래하는데, 이 행동 패턴은 〈매트릭스〉의 가장 중요한
요소이며 영화 속 모든 사건과 갈등이 발생하고 해소되는
행위다. 또한 현실 세계와 가상 세계 간 경계가 점점
모호해지는 것처럼 '저자와 독자, 제작자와 관객, 작가와
해설자의 경계'가 흐려지고, 관객은 다른 사람과 영화
해석을 서로 비교하고 정보를 나누면서 더 풍부한 경험을
하게 되었다. [11]

영화 〈클라우드 아틀라스〉는 평행으로 이루어진 모든 것들이 하나의 사건, 혹은 또 다른 사건에 영향을 미치면서 하나의 거대한 세계를 이룬다는 내용을 담고 있다. 하나의 현상은 언제 시작되었는지 모르는 사건의 합이며, 동 시간에 존재하고 있는 여러 현상은 결국 한 지점에 귀결되어 있다고 말한다. 한 배우가 다른 사건에서 변형된 모습의 다른 인물로 등장하고 각 사건 속 갈등을 해결하는 매개물은 등장인물 간 관계와 소통에 중요한 역할을 하면서 다음 시대의 사건에 큰 영향을 미치거나 갈등 해결의 실마리가 되기도 한다. 모든 것은 자신에게 돌아오고, 끊임없이 반복된다는 동양 사상을 시간과 공간의 상호작용을 통해 표현한 이 영화 속에서도 리얼리티의 다층화가 존재한다. 우리가 사는 우주와 세상의 지속적인 변화 속에서 발생하는 매개체의 상호작용과 영향력이 영화의 메시지를 따라 관객에게 스며들면서 보편적이고도 숭고한 가치는 시대를 초월한다는 것을 느끼게 한다.

〈아바타〉는 3D 입체 영상 기술을 도입한 디지털 영화 중 가장 상업적인 성공을 거둔 케이스로 꼽힌다. 이 영화는 혁신적인 기술로 사실적인 환영과 스펙터클을 제공해 디지털 영화의 새로운 가능성을 열었고 새로운 패러다임의 영상 미학을 보여 주었다. 실사 영상이 기반인 과거 영화와 달리 디지털 영화는 배경과 배우를 조작과 합성이 가능한 개별 단위로 활용해 몽타주를 만든다. '환상을 실재처럼 보여 주는 것'이야말로 디지털 영화의 미학적 목표가 된 것이다. 관객은 디지털 합성 영상의 현실성과 기술에 대한 경이로움을 동시에 체험하며 점차 '현실적인 가상'의 미학에 익숙해진다. 뉴미디어 이론가 레브 마노비치[Lev Manovich]가 "디지털 영화는 우리의 현실을 열등하게 재현한 것이 아니라 다른 현실을 사실적으로 재현한 것."이라고 언급했듯, 〈아바타〉 이후 디지털 영상은 역사적으로 전례가 없는 디지털 본연의 '디지털 환영주의' 미학을 보여 준다.[12]

트랜스 그래픽 디자인

그래픽 디자인의 역사는 다양한 실험적 태도와 실천을 통해 변천해 왔다. 현대 그래픽 디자인 표현에 큰 영향을 준 아방가르드는 기존의 규칙과 경계에서 벗어나 전통적 미의식에 도전해 왔다. 미래파는 실험적 작품을 창작하며 타이포그래피 분야에서 역동적인 레이아웃의 디자인을 선보이며 실험적인 시詩를 발표하였고, 다다Dada는 예술에 부여된 모든 전통을 거부하고 완전한 자유를 추구하며 전통적인 타이포그래피 특성에서 벗어날 새로운 가능성을 열었다.

다다
모든 사회적, 예술적 전통을 거부한 예술운동을 말한다.

1970년대에 들어서면서 그래픽 형태에 대한 가능성이 확대되었는데, 이 시대의 작품은 무게Weight가 대비Contrast를 이루는 활자의 사용, 그리드Grid를 설정하고 다시 그것을 깨뜨리며 전체 공간을 일종의 긴장의 장場으로 규정하는 경향을 보였다.[13]

그리드
화면을 구성할 때 디자이너가 사용하는 가상의 격자 형태 안내선을 일컫는 말이다.

그래픽 디자인은 다양한 미디어 속에서 표현의 기술과 범위를 확장해 왔다. 디지털 테크놀로지와 미디어의 발달은 기존 인쇄 매체가 갖는 한계를 극복할 수 있게 만들었고 문자, 그래픽, 음성, 영상 등의 복합적 표현이 가능해지면서 디자인도 큰 전환점을 맞았다. 디지털 커뮤니케이션 기술의 발전은 기존 미디어와 뉴미디어의 융합을 통해 국가 간

장벽을 허물고 시공간을 초월하는 거대한 미디어 개념으로
탈바꿈시켰다. 따라서 현대 그래픽 디자인 역시 특정한
형식과 규칙을 규정할 수 없을 정도로 다양한 표현 양상을
띠고 있다.

그래픽 디자인에서 포스트모더니즘의 선구자로서 직관적
디자인 실험을 시작한 볼프강 바인가르트 Wolfgang Weingart 는
아방가르드의 총체성을 거부한 독특한 디자인으로
자신만의 개성을 살린 작업을 추구했다. 평면 공간의
규칙을 깨뜨려 새로운 그래픽 공간을 만들었고, 회화, 사진,
인쇄 등 다양한 미디어를 통해 복잡한 이미지 층을 구성해
다중적인 그래픽을 만들었다. 특히 그는 관객이 작품의
일부분으로 디자인 과정에 참여해야 함을 주장했는데,
이미지를 뒤집고, 조각내는 것을 통해 대중이 직접
디자인의 의미를 이해하도록 요구했다.[14]

직관적이고 담대한 디자인으로, '카슨 스타일'이라는
신조어까지 만들면서, 동시대 그래픽 디자이너 중에서 가장
중요하게 논의되고 있는 데이비드 카슨 David Carson 은 상식의
틀을 깨고 생활 속에서 얻은 영감에 주체성을 불어넣은
디자인을 했다. 그는 철저하게 테크놀로지에 의존했지만
매우 회화적이기도 하여 모더니스트를 자극하기도
했다.[15] 그의 디자인은 잡지의 가독성 문제로 격렬하게
비난받기도 했으나, 디지털 기술의 도래로 전위적이고

데이비드 카슨이 작업한
잡지 〈RAYGUN〉

급진적 작업 양식이 무차별하게 쏟아지는 시점에 이르러,
혁신적인 디지털 기술을 접목한 대표 작품으로 부상했다.
모더니스트에게 그는 가독성을 무시한 범법자였지만,
디지털 시대를 맞이한 젊은이에게는 영감의 원천이었다.

1980년대 중반부터 혁신적이고 감각적인 타이포그래피로
주목받은 네빌 브로디 Neville Brody 는 1981년부터 5년간

스타일 잡지 〈페이스〉의 아트 디렉팅을 맡아 자신만의
독창적인 시각화 작업을 했다. 그는 직접 만든 서체를
잡지에 사용했으며, 잡지 50호에서 55호까지는 목차를
매호 다른 서체로 작업했다. 'CONTENTS'라는 알파벳
8자가 여섯 단계에 걸쳐 점차 해체되는 과정을 보여 주는
작업이었는데, 해독이 불가능할 정도로 기하학적이고
추상적인 형태로 변화하기도 했다. 그의 디자인은 20세기
초반 아방가르드 미술에서 영감을 받아 기하학적인
레이아웃과 서체, 다각도로 텍스트를 읽는 레이아웃
방식을 통해 인쇄물 안에 3차원적 깊이감을 담았다.
전통적인 잡지 스타일을 거부했던 〈페이스〉는 개념적인
사고를 기반으로 시각 요소 간 관계, 조화, 리듬을 고려한
새로운 시각 언어를 다각도로 제시한 실험적 미디어였다.

트랜스 미디어 아트

미디어 테크놀로지의 발달은 소통을 더욱 확장했고, 컴퓨터는 도구의 역할을 넘어 경험 확장의 기회를 제공해 사람이 공간과 시간의 한계에 도전할 수 있도록 해 주었다. 예술의 재료로 미디어를 적극 활용하는 미디어 아트를 통해 미디어와 예술이라는 각각의 구성 요소를 새로운 시각으로 바라보고, 고정된 것에서 탈피하여 작품 속에 변화를 담아내려는 시도가 이루어지고 있다. 미디어 아트는 관객의 적극적인 개입으로 비로소 작품이 완성되고 관객을 능동적으로 창조에 관여하는 존재로 만들고 있다.[16]

오늘날 많은 미디어 아티스트가 예술과 기술 사이를 자유롭게 넘나들기 위해 예술의 구속으로부터 탈출을 모색하고 있다. 테크놀로지 발전과 미디어 환경의 변화 속에서 서로 다른 예술 장르가 결합하고, 현실과 가상현실 또한 중첩되고 있으며, 예술가와 관객의 경계도 모호해지고 있다. 그 결과로 기존의 고정된 디자인을 탈피하여 불확정성을 표현한 인터랙티브 작품, 작품 의도와 콘셉트를 보다 실제적인 감성으로 전달하는 홀로그램 영상, 다른 미디어를 접목한 새로운 퍼포먼스를 만들기도 한다. 4D 아트와 3D 영상 제작 기술의 공연은 실물을 보는 듯 생생하며, 예술 속 미디어는 관객 참여를 유도할 뿐 아니라 관객에게 감성적 경험을 제공하는 도구가 된다.

미디어와 예술은 미디어 아트에서 무한히 변화하는
차이와 반복, 그리고 중첩의 과정을 거치며, 트랜스 미디어
아트^{Trans Media Art}를 만들고 융합하는 과정에서 새로운 형식이
탄생하기도 한다. 서로 다른 장르와 미디어의 결합 속에서
발견되는 것과 미완성·불확정성·우연 속에서 만들어지는
형식은 미디어 사용자가 주체가 되어 재구성된다.[17]
이러한 속성을 가장 풍부한 상상력으로 탐구하는 곳,
커뮤니케이션과 구성 그리고 저항의 새로운 모델이 참으로
교묘하게 생산되는 곳이 바로 예술이다.
모든 예술은 개방되어 있으며, 불완전하고, 우발적이고, 늘
관객의 개입과 건설적인 협력을 기다리고 있다.[18]

백남준은 의심할 바 없는 비디오 아트의 창시자이며
음악과 퍼포먼스, 미디어 기술을 전시에 적용해 완전히
새로운 형태로 통합한 최초의 종합 예술가다. 백남준의
작품 속에서 주목할 점은 정보가 넘쳐나고, 무질서한
모습이 다양한 오브젝트와 상호 결합한 오늘날의
멀티스크린 환경을 반영한다는 것이다.

디젤^{Diesel}은 3D 홀로그램을 패션쇼에 도입하여 '액체
공간^{Liquid Space}'이라는 콘셉트를 구현했다. 무대 전체에서
홀로그램을 볼 수 있도록 제작하여 수중에서 패션쇼를
하는듯한 환상적인 분위기를 자아냈다. 모델들은 수중
생물의 아름다운 움직임과 함께 무대를 워킹하며 빛과

디젤
이탈리아의 패션 브랜드.
데님을 비롯한 다양한
의류를 제조하고 있다.

함께 사라진다. 워킹이 끝날 때마다 홀로그램 애니메이션이 무대 전체를 장악하여 관객의 눈을 사로잡는다. 모델이 워킹하는 동안 푸른색 빛이 모델의 움직임을 쫓아 흘러가기도 한다. 홀로그램 기술을 통해 패션쇼의 의도와 콘셉트를 실제적인 감성으로 전달한 사례다.

국내 미디어 퍼포먼스 작품인 〈자유부인〉은 무용 공연에 프로젝션 맵핑Projection Mapping 기술 영상을 접목한 작품이다. 연세대학교 커뮤니케이션대학원 미디어 아트 전공 김형수 교수가 시도한 예술과 기술의 통섭으로 새로운 트랜스 퍼포먼스가 이루어졌다. 무대 전체를 아우르는 프로젝션 맵핑 영상이 아름다운 무용과 함께 어우러지면서 감성을 극대화한다.

프로젝션 맵핑
3차원 공간인 건물에 프로젝터를 이용해서 2차원 이미지를 투사하는 방식으로 진행되는 미디어 파사드 기법이다.

김형수, 〈자유부인〉, (연출 및 안무 : 김효진 / 출연 : 김효진, 김형남, 곽재혁 / 주최 : YMAP, 2009)

03
트랜스의 8가지 키워드

트랜스를 예견한 8가지 징후

시대마다 개혁의 징후는 존재해왔다. 19세기에는 자동차, 기차 등의 등장으로 교통의 혁신이 일어났고 20세기에는 통신의 혁신이 일어났으며 20세기 말과 21세기에는 미디어의 개혁이 발생했다. 그 개혁의 여파는 여전히 새로운 모습으로 나타나고 있으며 트랜스라는 개념의 출현을 도왔다.

트랜스 현상은 통신과 미디어의 개혁에서 시작되었다고 해도 과언이 아니다. 새롭게 등장하는 각종 미디어로 인해 정보를 통제한다는 것은 불가능하다. 이제는 정보를 어떻게 통제하느냐가 아니라 어떻게 포용하느냐에 따라

브랜드의 생존이 결정될 것이다. 다시 말해 오늘날
브랜드는 기존의 패러다임에서 완전히 벗어나야 한다.

변화하는 패러다임을 올바로 이해하기 위해서는 과거의
패러다임을 제대로 인식하고 옮겨가고 있는 새로운 현상을
파악해야 한다. 유능한 커뮤니케이터나 마케팅, 브랜딩
분야의 전문가가 되기를 원한다면 패러다임의 전환이
일어나고 있는 현장에 있어야 하며 각각의 징후를 민감하게
인지할 수 있어야 한다. 그러한 감각이 곧 혁신의 기반을
만들 수 있다.

트랜스 시대를 맞이하며 전 분야에서 고르게 나타나고
있는 8가지 변화의 키워드를 정리해 보았다. 8가지
키워드를 통해 트랜스라는 개념과 브랜드에 대한 시각의
변화가 일어나기를 바란다.

아날로그에서 디지털로

아날로그^{Analog}에서 디지털^{Digital}로의 변화는 근대화의 근원이며, 무한한 확장과 보편화라는 특징을 지닌다. 우리나라는 아시아 중에서도 디지털 혁명을 가장 적극적으로 수용했고 전 분야에 IT 솔루션을 적용한 결과, 오늘날 네트워크를 가장 활발하게 운용하는 국가로 손꼽힌다. 우리나라의 대기업은 전자 통신·IT 분야에서 특출한 성과를 보이고 있으며, 전자 상거래나 전자 교통수단, 4G 통신 등은 일찌감치 대중화되었다.

디지털은 많은 변화를 가져왔다. 디지털 시대를 맞아 사람들은 빠르게 변화하는 라이프 스타일에 적응했고 최상의 정보와 엔터테인먼트 환경이 조성되었다. 오늘날 우리는 '디지털과 정보화 시대의 길 찾기'라는 과제를 안고 서로 의지하며 지식을 공유하고 있다. 많은 정보와 경험의 기회가 생겼지만 그만큼 위기와 위협이 함께 존재하기 때문에, 정보에 대한 해석과 이해가 빠른 사람을 중심으로 비즈니스 솔루션을 찾을 수 있을 것이다.

| Analog to Digital |

고정된 모습에서 이동성을 띤 모습으로

이동성^{Mobile}은 통신뿐 아니라 정보, 미디어, 기술 그리고
마케팅에 이르기까지 오늘날 기업이 혁신을 이루는
데 가장 중요한 흐름이다. 기술의 발달로 더욱 빠르게
진화하고 있는 이동성은 사실 인간의 동적 본능에 대한
발현으로, 심리적인 욕구와 맞물려 언제나 지속해 왔다.

통신을 둘러싼 생활의 정서가 디자이너의 시각적 표현에
영향을 끼친다는 점을 감안한다면 90년대 중반부터
등장한 매체의 시각적 특징을 보다 잘 이해할 수 있을
것이다. 앞에서 소개한 데이비드 카슨은 가독성을 무시한
직관적이고 역동적인 디자인으로 상식의 틀을 깬 작업을
했는데 이는 혁신적 디지털 기술을 반영한 것이었다.

스마트 기기를 대표하는 아이패드, 아이폰, 갤럭시
등에서도 동적 속성을 발견할 수 있다. 이처럼 이동성은
변화를 대표하고 주도하는 중요한 요소로서, 이를 제대로
이해한다면 다양한 시나리오를 예측해 차별적이고
지속적인 혁신을 만들 수 있다.

| Stationary to Mobile |

개인에서 다수의 네트워크로

가까운 미래에서 가장 필요한 지혜는 다양한 차원의 플랫폼에 개인과 조직의 이슈를 파급하는 '네트워크Network'에서 찾을 수 있다. 이것은 정보 통신과 네트워크 혁명으로 시작된 블로그와 SNS, 더불어 공동 브랜딩을 위한 비즈니스, 커뮤니케이션 그리고 기술적 애플리케이션과 깊은 연관이 있다.

새로운 테크놀로지는 시공간을 무의미하게 하고 미디어의 확장을 통해 가상현실을 통해 집단적 감수성을 형성하며 '공동 창조Co-creation'를 이끌어 냈다. 기업은 전반적인 비즈니스 과정에 소비자와 생산자의 협력을 유도하거나, 모든 이해관계자를 가치 창출 과정에 동참시켜 더 높은 차원의 경험을 끌어올릴 수 있게 되었다.

네트워크는 다양한 성격의 미디어 융합과 통섭, 비즈니스 콜라보레이션을 실행할 수 있는 변화의 속성을 가지고 있다. 가령 특정 지역이 정기적인 행사를 통해 지역 이미지를 강화하는 것이 목적이라면 온·오프라인 프로모션 등 포괄적인 네트워크를 활용해 홍보 영역을 확장할 수 있을 것이다. 네트워크 차원에서 다양한 미디어 플랫폼을 아날로그와 디지털을 넘어 국내와 국외로 확장하는 것이 최근 중요하게 논의되고 있다.

| Singular to Network |

직접적인 방법에서 간접적인 방법으로

정보를 흡수하는 능력이 높아지면서 대중은 단순하고
직접적인Direct 커뮤니케이션, 쉽게 얻을 수 있는 콘텐츠보다
이전에 접하지 못했던 경로를 통한 이색적인 경험을
원하고 있다. 핵심보다는 주변, 뚜렷한 것보다는 무형적인
것 그리고 도전적인 커뮤니케이션과 엔터테인먼트 형식을
선호하는 것이다.

간접적인Indirect 커뮤니케이션은 은유적 정보의 가치를
깨닫도록 만드는 속성이 있다. 그러나 기업은 보다
정확하고 투명하게 기업 윤리까지 담은 메시지를
고객에게 전달해야 한다. 반면 소비자는 객관적 판단
능력이 높아져 기업의 메시지를 있는 그대로 받아들이지
않게 되었다. 그 결과 기업의 직접적인 표현은 소비자가
간섭하고 해석할 수 있는 간접적이고 은유적인 표현으로
변해가고 있다.

정보의 범람으로 대중은 오히려 간접적인 방식의
커뮤니케이션 프로세스와 스토리에 신선함을 느낀다.
우리가 때로 단순한 영화보다 복잡한 영화를 선호하는
이유도 바로 여기에 있다. 결말이 모호한 영화는
개인적으로 해석하며 스스로 접목해 볼 기회를 주기
때문이다.

｜ Direct to Indirect ｜

고체 형태에서 유동적인 형태로

유동성^{Liquid}은 감도의 구조를 변화시킬 수 있는 속성을 가지고 있다. 기존 형식에서 벗어나 물 흐르듯 역동적이고 자유로운 것을 의미하는 용어로 이미 많은 전문 분야에서 이 용어를 사용하고 있다. 건축 분야에는 '유동적인 건축$^{Liquid\ Architecture}$'이라는 전문용어도 등장했다.

과거에는 기술력이 부족해 복잡한 건물 설계가 불가능했으나, 오늘날에는 컴퓨터를 사용하면서 과거에는 상상하지 못한 미래지향적 건축물을 짓는 것이 가능해졌다. 세기의 건축, 구겐하임 빌바오 미술관이 좋은 예다.

유동성은 기업의 아이덴티티 시스템에도 영향을 주고 있다. 부동성^{Solid}이 통제^{Stiffness}를 의미한다면, 유동성은 유연성^{Flexibility}의 의미를 가진다. 과거에는 통제가 중요했다면, 현재는 유연한 자율성이 중요시되고 있다. 기업의 아이덴티티 디자인 역시 전통적 기계론이 추구하던 정적이고 선적인 디자인에서 다양하고 복잡한 상황에 적합한 디자인으로 변화하고 있다.

| Solid to Liquid |

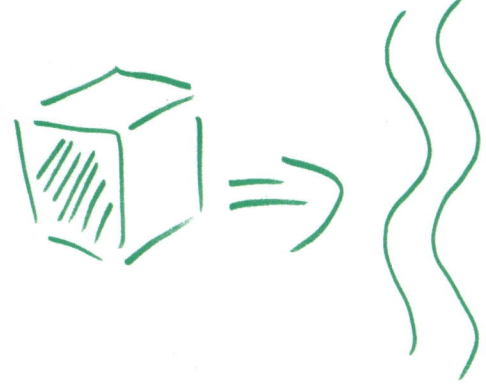

수직에서 수평으로

민주주의와 세계화가 두드러진 시대에서 수평^{Horizontal}은 진보적 의미를 가진다. 수평은 딱딱한 위계질서를 미래지향적이면서 민주적으로 변화시킬 수 있는 속성을 지닌다. 기업들도 혁신을 장려하기 위해 수직적인^{Vertical} 권위주의에서 탈피해 자율적인 협력과 시너지가 가능한 환경을 만드는 추세다. 이러한 수평적 프로세스는 기업에 대한 개인의 기여를 극대화하는 동시에 직원들의 자아실현을 도울 수 있다는 장점이 있다. 소비자의 참여와 상호작용, SNS의 활용과 콜라보레이션 같은 개념도 모두 수평적인 차원에서 가능하다.

기업 주도에서 소비자 주도 환경으로 변한 것도 중요한 의미가 있다. 소셜 테크놀로지의 폭발적인 진화로 소비자는 기업이 움켜쥐고 있던 고급 정보에 쉽게 접근해 생각을 공유할 수 있게 되었고, 오히려 기업을 위협하는 상황을 만들기도 한다. 똑똑한 소비자는 기업이 말하는 것을 받아들이는 것이 아니라, 객관적으로 판단하고 그 생각을 퍼트리며 더 큰 영향력을 행사하고 있다. 이러한 정보의 수평적 흐름은 소비자에게 능동적인 권한을 부여해 기업으로 하여금 새로운 서비스를 창출하게 한다. 기업의 내·외부 커뮤니케이션 방식이 민주적으로 변하고 있는 것이다.

| Vertical to Horizontal |

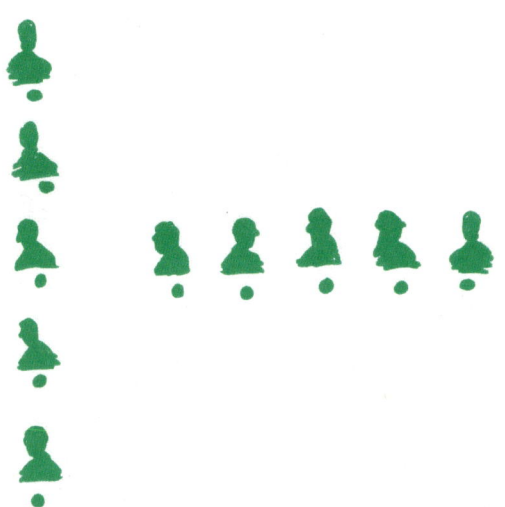

제로 타임에서 시간축 경쟁으로

우리는 시각을 포함한 모든 감각을 통합해 멀티미디어 정보에 접근하는 것이 익숙한 환경에 살고 있다. 시공간을 초월해 언제든 원하는 때에 접속할 수 있는 환경 속에서 미디어를 통한 감성적 경험이 무한하게 확장되는 속성을 발견할 수 있다. 대중이 쉽게 다룰 수 있는 멀티미디어 소프트웨어가 등장하면서 애니메이션과 영화 작업이 일반화되었고, 그 결과 콘텐츠는 온라인뿐 아니라 LED 패널을 활용한 오프라인 디스플레이까지 섭렵하며 끊임없이 노출되고 있다.

소비자는 자유를 만끽하고 싶어 하며, 온라인 공간 속에서 시간에 구속 받지 않고 원하는 매체를 통해 접속하면서 늘 바쁘게 움직인다. 시간을 최우선으로 하는 시간축$^{Time Base}$ 경쟁시대에 살고 있는 것이다. 따라서 오늘날 커뮤니케이션 분야에 종사하는 전문가는 매체 간 사용자 경험을 다양한 브랜드와 연계해 하나의 스토리를 전달할 수 있는 능력을 갖추어야 한다. 오프라인 상점을 예로 들자면, 시각적으로 보이는 디스플레이뿐 아니라 소비자가 매장에 들어섰을 때의 동선과 여정까지 고려하여 기획·연출할 수 있어야 한다.

| Zero Time to Time Based |

상업적인 것에서 오픈 소스로

시장의 변화에 따라 많은 기업이 상업적인^{Commercial} 유료 소프트웨어와 오픈 소스^{Open Source}의 경계를 넘어 합종연횡하고 있다. 오픈 소스란, 말 그대로 소스를 무료로 제공해 누구나 해당 프로그램과 서비스를 자유롭게 사용하거나 수정하여 다른 사람과 공유할 수 있도록 하는 것을 말한다. 그 결과 오픈 소스는 사람들의 생각을 실시간으로 전 세계에 공유할 수 있는 속성을 갖추게 되었다.

기업 간 경계를 뛰어넘는 제휴 이면에는 새로운 시장 환경 속에서 주목받고 있는 오픈 소스의 가치가 존재한다. 이는 새롭게 구축된 오픈 소스 생태계에서 과거보다 소비자 지향적인 수단으로서 의미가 있다. 다양한 오픈 소스를 프로젝트에 활용하면 오픈 소스의 활용 규모만큼의 경제 효과가 발생한다. 또한 플랫폼의 중립성을 유지하면서 새로운 시장 가능성을 엿볼 수도 있다. 이런 식으로 오픈 소스는 향후 시장의 주도권을 잡기 위한 전략적 단초가 되고 있다. 따라서 기업은 변화하는 시장에서 오픈 소스를 어떻게 포용하고 활용해야 할지에 대한 고민이 필요하다.

| Commercial to Open Source |

CHAPTER 2

트랜징과
트랜스
미디어

01 트랜징이란?

- 트랜스를 만드는 힘, 트랜징에 대하여
- 기업 중심에서 소비자 중심으로 트랜징하다
- 획기적인 변화가 닥쳤을 때는 과감하게 맞서라
- 변화에는 오픈 마인드로 대처하라

02 트랜스 미디어의 등장

- 끊임없이 확장되는 미디어의 출현

03 트랜스 미디어의 특징

- 서로 연결되어 더 큰 힘을 갖는 트랜스 미디어
- 진화하는 상호작용
- 협력적 창조
- 체계적이고 다차원적인 경험
- 지속 가능한 아이덴티티

01
트랜징이란?

트랜스를 만드는 힘, 트랜징에 대하여

앞에서 변화에 대한 새로운 키워드로 '트랜스'를 소개했다. 지금부터는 트랜스 현상이 일어나는 다양한 움직임에 대한 원리로서 '트랜징^{Trasing}'이란 개념을 살펴보도록 하겠다. 트랜징이란 가로지르고, 넘나들고, 변형되는 특성을 지니는 'Trans'라는 영어 접두사에서 파생한 새로운 용어로 오늘날의 다이내믹한 변화 속 가교 역할을 하는 메타 콘셉트이다.[1]

현시대의 미디어 환경은 '프리즘'에 비유할 수 있다. 프리즘은 빛을 반사하고 분석하는 도구로 일반적으로 빛을

| 트랜징의 개념 |

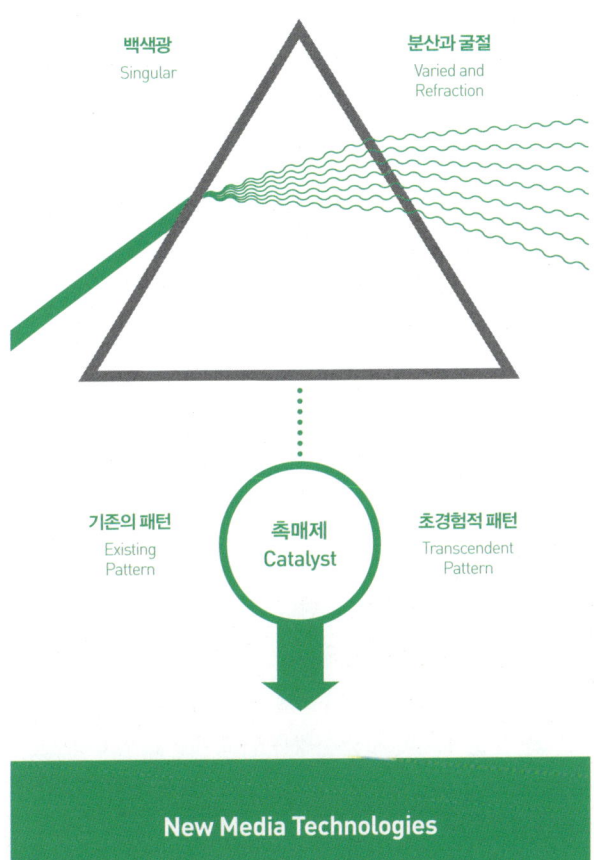

분석하는 법을 설명하지만, 이 원리를 미디어와 브랜드의 시장 상황에도 대입할 수 있다.

우리가 알고 있는 프리즘은 백색광^{Singular}의 빛을 스펙트럼으로 분리한다. 이 과정에서 '분산^{Dispersion}'과 '굴절^{Refraction}'이 일어난다. 분산은 하나로 보이는 것이 분화하는 것이고 굴절은 분리된 것의 방향이 변화하는 것이다. 백색의 빛을 구성하는 하나의 파장은 프리즘을 통과하며 서로 다르게 굴절하며 일곱 가지 색을 만든다.

여러 가지 미디어가 혼재하는 오늘날 시장 환경에서도 이와 유사한 현상이 일어난다. 서로 다른 미디어 간의 공존과 융합은 하나의 방향으로 통합되거나, 다양한 형태로 분화하고 발산하기 때문이다. 프리즘을 미디어에 대입한다면 하나의 백색광은 기존의 패턴$^{Existing\ Pattern}$으로 볼 수 있다. 그리고 촉매제^{Catalyst}인 프리즘은 진화하는 오늘날의 새로운 미디어, 즉 SNS를 포함한 다양한 미디어를 의미한다. 새로운 미디어는 끊임없이 변형되고, 생성되고, 축소되고, 확대되는 등 계속해서 진화하면서 분산과 굴절 같은 소비자의 초경험적 패턴$^{Transcendent\ Pattern}$을 만들어 내며 시장 환경을 더욱 새롭고 역동적으로 변화시킨다.

기업 중심에서
소비자 중심으로 트랜징하다

오늘날 시장 환경은 프리즘의 분산 현상과 유사하다. 대량 생산, 대량 판매를 하던 과거 기업이 다품종 소량 생산 체제로 전환하는 모습이 이를 잘 보여 준다. 수요보다 공급이 적었던 과거는 공급자의 파워가 막강했지만, 이제 주도권은 소비자에게 있다. 개개인의 기호는 다양해졌고, 소비자는 제품을 개인화할 수 있는 다양한 소비 환경을 요구한다. 인터넷이 이러한 변화를 더욱 촉진했으며, SNS 등의 서비스가 여기에 힘을 보태고 있다. 소비자는 검색을 통하여 자신이 원하는 제품을 찾고, 다른 소비자와 소통하며 다양한 정보를 공유한다.

소비자의 브랜드 선호도를 생각해 보자. 과거에는 각 카테고리를 대표하는 대명사가 곧 브랜드였다. 조미료 하면 다시다, 맥주 하면 하이트, 소주 하면 참이슬 등을 쉽게 떠올릴 수 있었다. 그러나 이제는 맥주만 하더라도 그 시장이 세분되어 맥주를 대표하는 단 하나의 브랜드를 꼽기도 어려울뿐더러, 수많은 브랜드 간 우열을 가리기도 힘들어졌다. 이제 기업은 소비자 취향의 다양화, 고급화를 인지하고 불특정 다수를 겨냥한 마케팅에서 소규모 집단에 대한 섬세한 마케팅으로 체제를 전환해야 한다.

롱테일법칙
인터넷의 발달과 함께 등장한 경제 용어다. 80%에 해당하는 비인기 종목이 20%의 인기 종목의 매출을 압도한다는 이론으로 마케팅에 새로운 관점을 제시했다.

B2B
기업이 소비자로부터 수익을 얻는 것이 아니라 기업을 겨냥해 서비스와 물품을 제공하는 비지니스 방식이다.

또한 '롱테일법칙 Long Tail Theory'이 더욱 중요해지고 있다. 과거에는 소비자의 눈에 띌 기회조차 없었던 제품이 판매량에서 인기 상품을 압도해 새로운 비즈니스 모델로 떠오르면서 음악, 영화, 책, 의류 등의 틈새 마케팅이 활발해지고 경제성은 훨씬 높아진다.

이것은 B2B Business to Business 경영자에게도 마찬가지다. 평범한 자동차 부품 제조사도 이제는 해외 잠재 고객과 연결될 수 있다. 얼마 전까지만 해도 상상조차 할 수 없는 일들이 벌어지고 있다.

획기적인 변화가 닥쳤을 때는
과감하게 맞서라

굴절은 시스템이 받는 충격으로 인해 방향 자체가 바뀌는 현상을 설명한다. 프리즘을 통과하는 빛의 파장 속도가 빠를수록 변화가 적고 느릴수록 크게 변하는데, 이것 역시 트렌드에 빗대어 설명할 수 있다. 단기간에 형성된 트렌드는 외부 영향을 적게 받고, 천천히 발전해 온 트렌드는 크고 작은 사건에 의해 영향을 크게 받을 수 있다. 이것은 몇몇 촉매제, 즉 미디어 때문이다. 굴절에 의해 트렌드가 달라지더라도 변화 속에서 새로운 코스를 발견한다면 우리는 그것을 예상하고 다시 익숙해질 수 있다.

분산된 소비자의 패턴이 평균적으로 비슷하다면 시장에는 획기적인 변화가 없다. 하지만 굴절이 있다는 것은 평균 자체가 바뀌었다는 뜻이다. 획기적인 변화는 대부분 새로운 기술의 발명과 응용에서 생긴다. 전기, 핵, 디지털 등 파괴력 있는 기술, 혹은 새로운 트렌드가 부상할 때에는 과감하게 대응해야 한다. 그렇지 않으면 빙하기를 맞이한 공룡 신세를 면치 못한다.

디지털 혁명을 예로 들어 보자. 요즘은 모든 종류의 데이터가 디지털 코드로 변환되며, 미디어의 확장성은 무제한에 가까워 보인다. 디지털 혁명으로 인한 미디어

필립 코틀러
현대 마케팅의 일인자로 알려졌으며, 마케팅의 아버지라고 불린다.

존 캐슬리오니
미국의 경영학자. 국제경영 전략 및 국제경영 개발 분야의 전문가. 경영 컨설턴트, 교수, 기업인수합병 자문으로도 활동 중이다.

ATL
대중매체인 TV, 신문, 라디오, 잡지 등과 같은 전통적인 미디어를 말한다.

BTL
전통적인 미디어를 제외한 미디어로 주로 새롭게 등장한 뉴미디어를 말한다.

확장 속에서 다양한 콘텐츠를 여러 미디어를 통해 함께 이용할 수 있게 되었다. 아날로그 필름의 대명사였던 코닥^{Kodak}은 이러한 디지털 혁명을 예상했음에도 불구하고 기존 시장에 대한 미련을 버리지 못해 미래에 대한 진보적 해결책을 찾지 못했다. 빙하기를 맞은 공룡이 된 경우다. 필립 코틀러$^{Philp\ Kotler}$와 존 캐슬리오니$^{John\ Castione}$의 주장처럼 현재 변화에 대한 신호가 약할지라도 그 여파가 커질 것이라고 예상한다면 과감한 변신을 미리 준비해야 한다.

굴절과 분산은 서로 맞물릴 수 있다. 그 이유는 굴절이 기득권을 흔드는 효과를 낳기 때문이다. 인터넷이 바로 그 대표적인 예다. 기존의 전통적 매체, 이른바 ATL$^{Above\ The\ Line}$ 매체는 불특정 다수가 타깃이었고 비용이 막대했다. 하지만 인터넷을 비롯한 디지털 신생 매체, 소위 BTL$^{Below\ The\ Line}$ 매체는 특정한 소수의 타깃까지 저렴하게 도달할 수 있는 힘이 있다. 신생 매체가 시장 분화 현상을 부추기고 있는 것이다. 매체의 굴절 덕분에 광고주와 분산된 소수 소비자 집단이 연결된 것이다.

변화에는 오픈 마인드로 대처하라

초월적 패턴은 굴절과 분산의 시간이 지나면 복합적으로
나타날 수 있다. 기존의 글로벌 마케팅은 문화적
차이때문에 국가 간 소비 취향이 다를 수밖에 없다고
분석했다. 같은 동양권에 있는 한국, 일본, 중국만
하더라도 의식주와 오락 패턴이 확연히 다르다. 과거에
비하면 소량 생산이 가능해졌기 때문에 글로벌 마케팅의
현지화 전략은 설득력을 얻는다.

그러나 소비 패턴이 항상 다르기만 한 것은 아니다. 가수
싸이의 '강남 스타일'이 순식간에 세계인의 관심과 호감을
얻은 것은 국경을 초월하는 범국가적 욕구 때문이다.
'강남 스타일'의 경우 초월적 욕구는 첫째로 유머였고 그
바탕에는 강남으로 대표되는 물질주의에 대한 비판과
유희가 있었다. 또 다른 초월적 시장의 예로 '전문직
여성'이 있다. 이들을 겨냥한 가전제품, 자동차, 금융
상품이 불티나게 팔리고 고학력 여성의 수가 선진국과
개발도상국에 많아지면서 이들이 공감하는 정서가 전 세계
시장을 리드하고 있다. 이 같은 초월적 시장이 등장한 것은
손쉽게 글로벌 트렌드를 파악할 수 있는 디지털 매체와
정보가 있기 때문이다.

디지털 제품의 변화도 초월적 패턴이라고 할 수 있다.

우리는 생활 속 다양한 욕구를 디지털 기계를 통해 충족하고 있다. 시간은 디지털 시계, 영상은 TV, 음악은 MP3, 사진은 카메라, 통신은 핸드폰, 인터넷은 노트북 등 생활에 필요한 모든 기능이 디지털 제품에 기반을 두고 있다. 이러한 현상은 생활 속 분산이라고 볼 수 있는데, 이때 스마트폰이라는 커다란 굴절로 인해 다양한 디지털 기기의 역할이 하나의 기계로 흡수되었다. 지금은 스마트폰이 대세지만 초월적 제품은 앞으로 계속 등장할 것이다. 좋은 예가 구글 글라스 같은 기술이다. 이 기술은 상위에 열거된 기능은 물론 눈과 손의 동작을 연결하는 시뮬레이션 게임도 장소에 구애받지 않고 즐길 수 있게 만든다.

소비자의 욕구는 계속 변하고 획기적 기술은 끊임없이 등장하고 있다. 기업은 지금의 수요와 기술이 지속될 것이라는 생각보다 새로운 대세로 분리되고 또다시 새로운 모습으로 합쳐질 수 있다는 오픈 마인드를 가져야 한다.

02
트랜스 미디어의 등장

끊임없이 확장되는 미디어의 출현

오늘날 미디어는 정보 전달 수단, 그 이상이다. 따로 분리되어 있던 미디어가 서로 융합해 언제든지 사용자가 원하는 모습으로 유기적으로 연결되고 새로운 경험을 가능하게 한다. 인쇄물이 2차원, 영상이 3차원이라면 이 모든 것을 융합하는 4차원 미디어는 트랜스 미디어$^{Trans\ Media}$라 할 수 있다. 사전적 의미로 4차원은 3차원 공간에서 더 나아가 시간을 아우르는 개념이며 물리학적 의미로는 우주와 자연의 원리를 밝히는 확장된 차원인데, 여기에서는 문화적 의미로서 새로운 문화 인터페이스를 만드는 다수 대 다수의 상호작용 환경을 뜻한다.

트랜스 미디어는 횡단과 초월을 뜻하는 '트랜스'와
매체를 뜻하는 '미디어'가 결합한 용어로 '미디어를
초월한 미디어'로 정의할 수 있다. 이는 곧 모든 분야의
역동적 변화를 수용해 혁신하고 융합함으로써 미디어를
재정의하겠다는 움직임이다.

융합^{Integration}과 상호작용^{Interaction}, 그리고 디지털 기술의
접목^{Digital Code}이라는 세 가지 키워드가 서로 합쳐져서
오픈 소싱^{Open Sourcing}, 창조성^{Creation}, 집합성^{Aggregation}을 파생해
다차원적이고 사회문화적인 미디어 개념을 형성한다.
융합과 상호작용 속 오픈 마인드의 접점에는 다원성과
다양성을 기반으로 정보를 공유하고 전달하는 오픈
소싱이 존재한다. 융합에 디지털 기술이 더해지면 자율적
규제 속에서 독립적인 생각과 도구를 공통의 목적으로
사용하는 집단 창의성이 발생하고 이는 창조성으로
이어진다. 상호작용이 디지털 기술의 날개를 달면 객체 간
상호소통을 통해 새로운 메타 지식과 정보가 효과적으로
공존하는 조화로운 통합인 집합성이 발생한다.

트랜스 미디어는 사용자와의 지속적인 양방향 소통을 통해
사용자 요구에 가장 신속하게 대응할 수 있는 매체라 할
수 있다. 트랜스 미디어를 구성하는 키워드를 살펴보면
모두 미디어를 사용하는 '사람'에게 가치가 있는 단어들이다.
트랜스 미디어는 여러 미디어 플랫폼 간 연결성에 초점을

트랜스 미디어의 개념

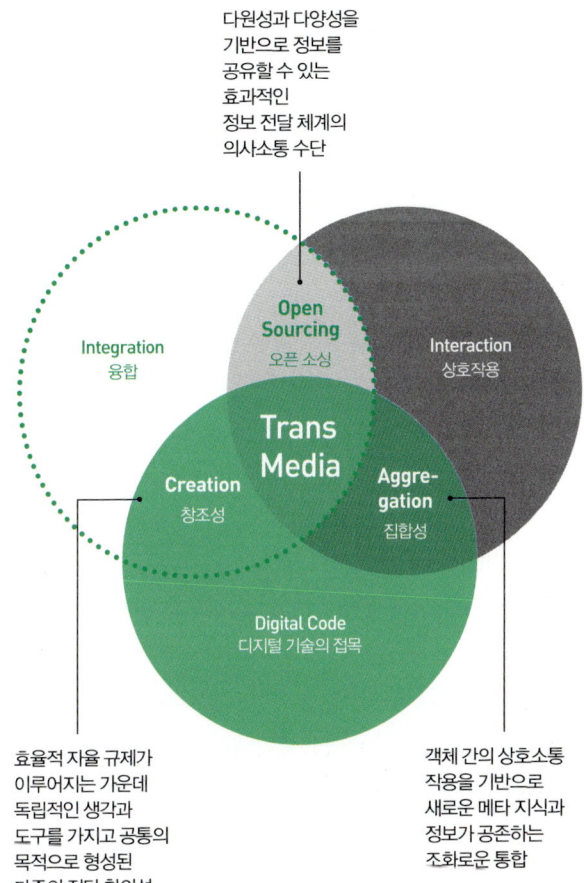

다원성과 다양성을 기반으로 정보를 공유할 수 있는 효과적인 정보 전달 체계의 의사소통 수단

효율적 자율 규제가 이루어지는 가운데 독립적인 생각과 도구를 가지고 공통의 목적으로 형성된 다중의 집단 창의성

객체 간의 상호소통 작용을 기반으로 새로운 메타 지식과 정보가 공존하는 조화로운 통합

크로스 미디어
온라인과 오프라인 등 다양한 매체 간의 결합으로 일관된 메시지를 전달하는 기법이다.

둔 '크로스 미디어'Cross Media' 개념에서 확장하여, 더욱 인간 중심적 성격을 지니는 유기적인 미디어라고 할 수 있다.

트랜스 미디어에서 주체와 객체 구분은 무의미하기 때문에 확대된 참여와 공유 생태계를 구성하게 되고, 그로 인해 전혀 예기치 못한 사건을 만들어 내기도 한다. 트랜스 미디어는 진화하는 스마트 기술을 적극적으로 수용해 미디어와 사용자, 사용자와 사용자 사이의 양방향 소통에 빠르고 적절하게 대응할 수 있다. 이렇게 된 데에는 정보를 주는 대로 받아들이지 않고 자신의 입맛에 맞게 능동적으로 수용하고, 변형하고, 퍼뜨리는 사용자의 힘이 크게 작용했다. 사용자는 여러 미디어를 한꺼번에 사용하고 서비스의 질을 끊임없이 평가하며 구전 효과를 만든다. 그리고 그 평가는 소셜 네트워크를 통해 계속해서 퍼져 나간다. 이들은 미디어를 사회와 자신을 연결하는 여러 매체 중 하나로 여길 뿐이며, 입맛에 맞지 않으면 언제든 등을 돌릴 만큼 과감하기도 하다. 따라서 그만큼 서비스의 질, 미디어가 제공하는 콘텐츠의 질이 중요해졌다. 참여와 공유라는 특성을 지닌 미디어 환경에서 기술과 인간, 그를 둘러싼 모든 환경에 대한 통합적인 접근이 요구된다.[2]

03
트랜스 미디어의 특징

**서로 연결되어
더 큰 힘을 갖는 트랜스 미디어**

트랜스 미디어는 고정된 시스템에서 벗어나 변화하는 상황에 유기적으로 대응할 수 있는 역동적인 미디어 시스템이다. 따라서 트랜스 미디어는 미디어 측면에서 지속적인 기술력을, 디자인 측면에서 개방적 브랜드 디자인 시스템을 갖추어야 하며, 소비자를 향한 감각 확장 및 참여적 경험을 조성할 수 있어야 한다.

이를 토대로 트랜스 미디어의 특징을 네 가지로 설명할 수 있다. 미디어의 진화하는 상호작용 Evolving Interaction,

소비자의 협력적 창조 Collaborative Creation 와 체계적이고
다차원적 경험 Systematic Multi Experience, 디자인의 지속 가능한
아이덴티티 Sustainable Identity 가 그것이다. 이 네 가지는 완벽하게
분리된 형태가 아니며 서로 영향을 주면서 더 큰 시너지를
만들어 낼 수 있다. [3]

각각의 개념은 관점에서 조금씩 차이가 있을 뿐, 위계를
나누는 것은 옳지 않다. 그것은 『트랜스 시대의 트랜스
브랜딩』을 관통하는 '트랜스' 의미와도 부합하지 않는다.
네 가지 특징은 서로 연결되어 있으며 서로 영향력을
행사한다. '진화하는 상호작용'은 미디어 혁신에 주목하는
관점이다. '협력적 창조'와 '체계적이고 다차원적 경험'은
소비자 지향적인 관점이며 둘을 구분하자면 '협력적 창조'는
소비자와 소비자, 소비자와 기업 간 긴밀한 커뮤니케이션과
협업을 의미하며, '체계적이고 다차원적 경험'은 미디어가
개인의 감각을 중요하게 다룰 때 총체적으로 형성되는
문화적 경험을 의미한다. 마지막으로 '지속 가능한
아이덴티티'는 트랜스 미디어 디자인의 특징으로 기존의
획일적인 아이덴티티에서 확장해 적절한 일관성과
유연성을 강조하는 기법이다. 이는 뒤에 나오는 트랜스
브랜딩의 스타일 전략과도 연결된다.

진화하는 상호작용

미디어가 발전하면서 소비자는 더 능동적이고 진화하는 상호작용을 경험한다. 다양한 기술을 접목하고 인간적인 미디어로 인해 소비자가 미디어를 통해 느끼는 몰입의 경험이 더욱 깊어지고 있다. 소비자는 미디어 경험에서 가상과 실제를 구별하기 힘든 현존감^{Presence}까지 느낄 수 있게 되었다.

이제는 미디어를 활용할 때 소비자에게 어떤 상호작용이 있는 몰입 환경을 만들어 주느냐가 중요한 사안이 되었다. 트랜스 미디어는 새롭게 부상하는 혁신적인 미디어를

| Evolving Interaction |

적극적으로 수용해 예전보다 풍부한 기능적, 인지적 상호작용을 만들어 낸다. 트랜스 미디어가 창조하는 상호작용을 분석하면 어떤 특성들이 소비자의 흥미를 끄는지 살펴볼 수 있을 것이다.

쉐보레 세비 소닉 프로모션

GM그룹 소속의 쉐보레^{Chevrolet}는 2012년형 세비 소닉 프로모션에 게임을 접목한 프로젝션 매핑 이벤트를 선보였다. 할리우드에 자리한 루스벨트 호텔에 초대형 프로젝션을 투영해 사람들에게 친숙한 뽑기 게임을 할 수 있는 색다른 경험을 제공했다. 참여자는 조이스틱과 페달을 이용해 게임기로 변신한 호텔에서 쉐보레의 자동차를 꺼내는 게임을 하게 된다.

이 사례는 게임과 미디어 기술을 접목해 생생하고 환상적인 비주얼 경험을 참가자에게 제공했다. 참여자가 직접 조작할 수 있었기 때문에 더욱 강렬한 브랜드 체험을 만들었다. 그동안 선보였던 프로젝션 매핑과 달리 참여자가 직접 조작, 참여한 것은 진화한 상호작용이라는 점에서 트랜스 미디어의 특징이라 하겠다. 앞으로 대형 플랫폼에서 참여자가 직접 참여하는 형태로 더욱 진화할 것이다.

런던박물관의 거리 박물관 애플리케이션

영국의 런던박물관Museum of London은 2010년, 관람객에게
즐겁고 색다른 역사 체험을 선사하기 위해 증강현실
애플리케이션(이하 앱)을 개발했다. '거리 박물관'이라는
이름의 이 앱은 사용자가 현재의 런던 거리를 보면서
과거의 모습을 탐색할 수 있게 만든 기발한 앱이다. 위치를
기반으로 한 태깅Tagging 기능을 갖추고, 구글 맵스를 통해
런던의 다양한 장소에 대한 안내 지침서를 제공한다.
스마트폰을 통해 앱을 실행하면 구글 지도상 스마트폰
사용자의 현재 위치가 화살표로 나타나고, 3D 증강현실
뷰로 역사 체험을 할 수 있는 주요 장소들이 해당 위치에
표시된다. 스마트폰 사용자가 태깅된 장소에 있을 경우,
화면을 터치하면 현재 런던의 모습 위에 역사 속 사진을
매칭한 새로운 그림이 나타난다. 그 장소에 대한 역사적
정보 또한 상세히 확인할 수 있다. 이 앱을 통해 사진을
찍고 입체영상 보기 기능을 적용하면 사용자가 서 있는
위치와 각도까지 계산해 촬영한 이미지 위에 과거의
이미지가 정확하게 겹쳐진다. [4]

태깅
콘텐츠의 내용을 대표할
수 있는 키워드를 검색용
꼬리표로 다는 행위이다.

런던박물관의
거리 박물관 앱 실행 장면

협력적 창조

소비자 참여를 기반으로 하는 인터페이스가 발전하면서 다수 대 다수로 연결된 커뮤니케이션을 중심으로 능동적 주체인 소비자의 행동이 더욱 주목받고 있다.

UGD^{User Generated Device}와 SNS와 같이 미디어 플랫폼이 확장되면서 소비자 참여와 사회적 상호작용이 가속화되었고 사용자의 역할은 창조적으로 변하고 있다. 소비자는 의견을 표현하거나 혹은 제작에 참여하며 영향력을 행사하고 자존감을 확인하며 이를 통해 브랜드에 대한 애착과 충성도를 만든다. 이제 기업은 브랜드 관리

UGD
사용자의 아이디어를 구체화해 상품으로 제조하거나 기존의 상품을 개량하는 것을 말한다. 기업 내부의 디자인, 아이디어의 한계를 극복할 수 있으며 기존 제조업의 패러다임을 바꿀 것이라고 기대하고 있다.

| Collaborative Creation |

차원에서 벗어나 소비자와 함께 브랜드의 현재와 미래를 만들어 가는 공동 창조의 가치를 추구해야 한다.

트랜스 미디어 역시 협력적 창조를 바탕으로 소비자와 공동의 가치를 창출하고 있다. 이를 통해 기업은 더욱 감성적이고 진정성 있는 브랜드 메시지를 전달할 수 있다.

코카콜라의 힐탑 리-이매진 포 코카콜라

코카콜라 Coca-Cola의 힐탑 리-이매진 포 코카콜라 Hilltop Re-imagined for Coca-Cola는 1970년대 인기를 끌었던 코카콜라의 역사적 광고를 디지털 시대에 재탄생시킨 프로젝트다. 1970년대에 발표된 힐탑 광고는 세계 각국의 사람들이 이탈리아에 있는 언덕에 모여 'I'd like to buy the world a Coke'라는 노래를 부르는 영상을 담고 있다. 새로 제작된 광고는 과거의 광고를 새로운 기술로 재현해 전 세계 소비자가 스마트폰과 구글의 모바일 광고 플랫폼인 애드몹으로 연결된 자동판매기를 통해 브랜드를 경험할 수 있도록 했다.

이 프로젝트의 목표는 코카콜라를 선물하면 행복해진다는 메시지를 전달하는 것이었다. 모바일 앱을 통해 미국 뉴욕에서부터 아르헨티나의 수도인 부에노스아이레스, 남아프리카공화국의 케이프타운까지 특수 제작한 자판기가 설치된 곳으로 나만의 메시지를 담은 코카콜라를 무료로 보내 주었다. 메시지를 작성하면 구글 번역기가 해당 국가의 언어로 메시지를 바꾸고 선택한 국가에 있는 자판기로 코카콜라가 배달되었다. 자판기가 있는 곳을 지나가던 사람은 실시간으로 배달된 코카콜라를 받고 자판기에 설치된 터치스크린을 통해 감사의 메시지 또는 영상을 보낼 수 있다. 사람들의 반응은 비디오 클립의 형태로 앱에 누적되었고, 전 세계 사람들이 공유하며 확산 효과를 가져왔다.

키아스마 현대미술관의 캠페인
Make a better one yourself, then

핀란드의 헬싱키에 위치한 키아스마 현대미술관 KIASMA Museum of Contemporary Art 은 대중이 적극적으로 참여할 수 있는 새로운 전시를 기획했다. 미술관의 명성이 점점 잦아들고 있던 2010년 무렵, 위기에서 벗어나기 위해 관람객에 대한 고정관념을 바꾸기 시작했다. 작품을 관람하는 소극적 대상이 아닌 적극적 주체로서 관람객을 새롭게 바라보고, 메인 전시 대신 'Make a better one yourself, then'이라는 획기적인 캠페인을 열었다. 키아스마 현대미술관 공식 페이스북을 통해 사람들이 직접 만든 예술 작품을 자유롭게 업로드할 수 있게 했다. 사람들이 가장 마음에

드는 작품을 투표하도록 유도해 많은 득표율을 받은 사람의 작품은 실제로 갤러리에 전시했다. 이 캠페인은 잡지와 블로그를 통해서 널리 알려졌고 캠페인 기간 동안 600여 개의 작품이 제출되었다. 3만 명이 넘는 사람들이 사이트를 방문해 키아스마 현대미술관은 물론 현대미술에 대해 긍정적으로 생각하는 계기가 되었다.

키아스마 현대미술관의
Make a better one
yourself, then 캠페인

체계적이고 다차원적인 경험

미디어 인터페이스의 체계적이고 다양한 소통 방식으로 소비자는 더욱 총체적인 경험을 하게 되었다. 특히 나날이 발전하는 디지털 미디어는 인간의 오감과 신체를 활용해 직접 체험하는 것과 큰 차이가 없는 경험을 제공하고 있다.

트랜스 미디어가 제공하는 체계적이고 다차원적인 경험은 기존의 경험 마케팅 혹은 체험 마케팅에서 확장된 개념으로 소비자가 느끼는 감각에 더욱 초점을 맞춰 섬세한 경험을 선사한다. 기존에는 주로 오프라인에서 브랜드 체험을 강조했다면, 이제는 트랜스 미디어를 통해

| Systematic Multi Experience |

시간과 장소의 제한 없이 모바일 세상 속 다양한 미디어
플랫폼을 넘나들며 소비자가 직접 참여할 수 있게 되었다.
따라서 미디어는 소비자의 높아진 참여 가능성만큼이나
다양한 경험을 제시할 수 있어야 한다.

디즈니랜드의 캠페인, Let the Memories Begin

월트 디즈니$^{Walt\ Disney}$의 테마파크인 디즈니랜드는 뉴욕에
사는 어린이와 가족에게 특별한 추억을 선물하기 위해
'Let the Memories Begin' 캠페인을 진행했다. 이는
뉴욕의 타임스퀘어에서 실시간으로 증강현실을 체험하는
것으로 그랜드 비주얼$^{Grand\ Visual}$이 제작했다.

이 캠페인은 영화에서 주로 사용되는 합성기술과 증강현실
기법을 이용하여 실시간으로 관람객을 비추는 화면에
디즈니의 캐릭터를 등장시켜 화면 안에서 관람객과
캐릭터가 다양한 상호작용을 하며 함께 사진을 찍을 수
있게 했다. 또한 이 모습은 타임스퀘어의 옥외 광고판을
통해 대중에게 노출되었고 사람들은 그 사진을 받아
온라인으로 공유하는 것이 가능했다. 사람들에게 친숙한
캐릭터로 예측하지 못했던 재미와 추억을 만들어 준
사례다.

그랜드 비주얼
영국 런던에 위치한 미디어, 영상 디자인 회사다. 최근 가장 혁신적인 미디어 기업으로 부상하고 있으며 다수의 국제적인 권위의 상을 받았다.

락타의 증강현실 디지털 캠페인

그리스 초콜릿 브랜드 락타^{Lacta}는 이미지 인식^{Image Recognition} 기술을 이용한 증강현실 캠페인을 선보였다. 모바일 앱을 이용해 사랑과 호감처럼 감정을 나타내는 메시지를 보내면, 메시지를 받는 사람은 초콜릿 포장지 위에서 재현되는 증강현실을 볼 수 있었다. 소비자는 앱을 실행한 뒤 페이스북에 로그인해 메시지의 수신자를 설정하고 보내기 버튼을 누르면, 수신자는 페이스북을 통해 새로운 메시지가 도착했다는 것을 확인하게 된다. 수신자가 스마트폰 카메라로 실제 초콜릿 패키지 정면을 스캔하면 그 위에 발신자가 작성했던 메시지가 증강현실로 나타났다. 초콜릿 겉면에 간단한 메모를 적어 카드처럼 활용하는 소비자 감성을 포착해서 디지털 기술을 추가해 특별한 경험을 만든 사례다.

이미지 인식
이미지에 대한 설명이나 파일명이 없어도 사진 속의 물건이나 배경 등의 개체를 파악할 수 있는 기술을 의미한다.

지속 가능한 아이덴티티

트랜스 미디어는 미디어 간 호환을 전제하기 때문에 브랜드에 적용할 경우 각 미디어의 특징을 유지해야 한다. 따라서 트랜스 미디어는 쓰임새에 따라 분리해 적용해야 한다. 형태적인 통일성을 유지하되 공간과 시간, 매체에 차이를 두고 지속적으로 변화시키며 노출하는 것이다. 인간의 감각 중에서 가장 큰 영향을 미치는 것이 시각이라는 사실은 아이덴티티 분야에서 시각 요소에 대한 중요성을 시사한다. 인쇄에 기반을 둔 시각 미디어가 스크린 기반의 미디어로 확대되면서 일관되고 일상적이었던 기존 이미지는 활기를 띠게 되었다.

| Sustainable Identity |

과거 기업의 아이덴티티는 기업이 주도하는 커뮤니케이션 환경에 놓여 있었다. 통일된 시각 체계를 통해 소비자가 즉각적으로 브랜드를 인지하도록 하는 것이 중요했기 때문이다. 따라서 로고를 지속적으로 노출하는 방식이 주로 사용되었다. 그러나 아이덴티티 디자인 세계에도 변화가 일어났다. 디자인 기술의 발달로 다이내믹한 표현이 가능해졌고, 특히 웹이라는 매체의 등장으로 로고의 '움직임'까지 고려해야 한다. 이제는 항상 새로움을 추구하는 소비자에게 독특한 감성까지 전달하는 것이 기업 아이덴티티의 새로운 목표가 되었다.

지속 가능한 아이덴티티를 위해서는 적합한 미디어 선택과 브랜드 디자인을 위한 스타일 전개에 혁신이 필요하다. 최근에는 다이내믹 로고, 시그널 로고 등 기존 스타일에서 변화를 추구하는 플렉시블 아이덴티티 디자인이 등장했다. 앞으로의 아이덴티티는 진화하는 미디어 속성을 반영해 가변적이어야 하며, 최소한의 모듈로 기본 뼈대를 구축하고 단순한 시각 이미지가 지닌 다감각적 요소를 활용할 수 있는 창의적 관점을 취해야 한다. 차별화된 브랜드 스타일을 지니면서도 고유의 스타일과 느낌을 유지할 수 있도록 디자인 구성 요소 간 일관성과 유연성의 조화가 필수다.

20세기의 아이덴티티 디자인은 다양한 시각 이미지와

영상을 통해 역사적 진화를 이루었다. 소비자의 일상 속에서 참여를 끌어내는 것이 불가능했던 분야인 로고가 '진정한 참여'를 실현하는 가능성을 보이고 있다. 결국 트랜스 미디어의 시각 표현은 익숙함과 동시에 새로움으로 소비자에게 흥미를 줄 수 있어야 한다. 트랜스 미디어를 잘 다루는 브랜드라면 소비자의 경험 속에서 개성 있는 인물로 인식되어 소비자와 지속적인 관계를 형성해야 할 것이다.

MIT 미디어랩의 비주얼 아이덴티티

MIT 미디어랩^{MIT Media Lab}은 미국 매사추세츠 공과대학교^{Massachusetts Institute of Technology} 내에 있는 세계적인 미디어 융합 기술 연구소로 기존의 일관적이었던 아이덴티티 형식을 파괴하고 새로운 비주얼 아이덴티티 시스템을 선보였다. 이는 알고리즘을 기반으로 변화하는 시스템을 통해 끊임없이 새롭게 변형되면서 유연하게 달라지는 시각 형태가 특징이다. 교수와 교직원 및 학생은 이 아이덴티티 시스템 안에서 각각 고유한 로고를 만들었고, 이것을 개인의 명함이나 연구소 동영상 콘텐츠 등에 적용해 무궁무진한 아이덴티티 확장성을 보여 주었다. 일관성을 지키는 가운데 다양하게 변화하는 비주얼 시스템은 끊임없이 미래 기술에 대해 연구하는 MIT 미디어랩의 창의적인 이미지를 상징한다.

EDP의 비주얼 아이덴티티

포르투갈의 에너지 회사인 EDP^{Energias De Portugal}은
신재생 에너지 생산 회사로서 유연하고 개방적인 기업
아이덴티티를 확립하기 위해 그에 걸맞은 브랜딩 작업을
새롭게 진행했다. 기존에 EDP가 보유하고 있는 브랜드
정체성으로부터 원과 반원, 사각형과 삼각형이라는
기본 요소를 도출했고 이들을 결합한 다양한 아이콘과
일러스트레이션을 제작했다. 회사의 다양한 서비스를
상징하는 각기 다른 형상을 붉은색으로 통일해 하나의
스타일을 확립했고 동시에 계속 확장되고 있는 EDP
서비스에 대한 유연성을 표현했다. EDP의 로고는 사용자가
원하는 대로 재창조할 수 있다는 특징이 있으며, 시간이
지나면서 형태가 발전하는 모듈 아이덴티티였다. TV 광고,
광고 캠페인, 스크린 세이버, 모션 센서, 사운드 포스터,
모바일 게임 그리고 SNS 등 다양한 미디어에 적용했으며,
특히 웹사이트에서는 EDP의 생산량을 인포그래픽으로
표현해 개성 있는 스타일을 만들었다.

CHAPTER 3

트랜스
시대의
브랜딩

01 트랜스 브랜딩이란?

- 예측할 수 없는 변화 앞에서 우리가 할 수 있는 것들
- 트랜스 브랜딩이란 무엇인가
- 트랜스 브랜딩이 갖추어야 할 유연성
- 트랜스 브랜딩을 위해 CTBO가 갖추어야 하는 능력

02 트랜스 브랜딩의 실행 로드맵

- 트랜스 브랜딩의 중요성
- 트랜스 브랜딩 로드맵
- 트랜스 브랜딩 전략 가이드
- 트랜스 미디어를 고려한 트랜스 브랜딩의 실현
- 스타일 매니지먼트를 통한 트랜스 브랜딩의 실현
- 스타일 매니지먼트의 실행

01
트랜스 브랜딩이란?

**예측할 수 없는 변화 앞에서
우리가 할 수 있는 것들**

불확실한 미래는 예측하는 것도, 답을 구하기도 쉽지 않다. 그러나 우리는 그 누구도 미래에 대한 해답을 모른다는 점에서 위안을 얻는다. 오늘날 기업은 사회, 경제, 정치 등 전방위적 변화에 대응해야 하는 어려움에 처해 있다. 이런 환경에서 종전의 경영 방식에 얽매이면 도태되기 때문에 변화를 예측하고 그에 걸맞은 새로움을 흡수하는 능력이 필요하다. 해당 기업이 속해 있는 산업과 제품이 안정적이더라도 혁신을 위한 수정을 반복하다 보면 미래에 대한 새로운 영감을 얻을 수 있다.

브랜드 역시 마찬가지다. 소비자와 시장의 기호는 점차 예측할 수 없을 만큼 빠르게 변화하고 있고 브랜드가 이러한 기호를 리드하지 못하고 뒤쫓는다면 결국 트렌드에 뒤쳐진 결과만 반복할 수밖에 없다. 따라서 앞서 가는 브랜드와 트렌드를 만들기 위해서는 한발 앞서서 패러다임을 예측하고 활용해야 한다. 오늘날 브랜드 환경에서 주목해야 할 패러다임의 네 가지 특징을 꼽자면 파괴적 혁신, 기술적 융합, 소비자 중심의 요구, 변화 관리라 할 수 있다.

첫째, '파괴적 혁신'이란 근본적인 변화를 포함해 우리가 혁신이라 일컫는 모든 유형을 말한다. 과거 인쇄 미디어에서 스크린 미디어로 플랫폼이 변한 것은 파괴적 혁신의 좋은 모델이다. 따라서 미디어의 변화를 민감하게 포착하고 흐름을 놓치지 않는 것이 예측할 수 없는 상태로 변해 가는 미래를 대비하는 브랜드가 취해야 할 자세다.

주목해야 할 패러다임 중 두 번째는 '기술적 융합'이다. 기술적 융합이란, 서로 다른 기술이 유사한 업무를 수행하기 위해 디지털을 기반으로 만나는 것을 말한다. 이때 융합의 과정에서 소비자를 얼마만큼 배려하느냐에 따라서 격변하는 브랜드 환경 속에서 도태 여부가 결정된다. 파괴적 혁신도 마찬가지다. 제조자와 공급자가 주체가 되어서 변화를 추진할 때 파괴적 혁신과 기술적 융합이라는 패러다임은 브랜드에게 약이 아니라 독이 된다.

'소비자 중심의 요구'는 세 번째 패러다임이다. 모든 소비 활동을 소비자 관점에서 소비자 중심으로 재구성하는 것이다. 기업은 소비자가 무엇을 원하는지가 아니라 왜 원하는지에 대한 근본적인 문제를 고민해야 하며 브랜딩의 출발도 이에 대한 답을 구한 후에 이루어져야 한다. 소비자가 참여하고 직접 공유할 수 있도록 하는 것이 소비자 중심의 요구라는 패러다임 속에서 브랜드가 택할 수 있는 가장 좋은 방법이다.

마지막 패러다임은 '변화 관리'다. 현재와 미래에서 개인과 팀, 조직이 겪을 수 있는 변화와 관련된 모든 가이드라인을 가리키는 말이 변화 관리다. 변화 관리를 어떻게 설정하고 수행하느냐에 따라서 브랜드를 유지하고 강화할 수 있는 기반이 형성된다. 강력한 변화 관리를 위해서는 콘텐츠와 미디어에 관련된 사용자의 모든 경험 그리고 브랜드 가치가 모두 합쳐져서 하나의 총체적인 브랜드를 구성할 수 있는 능력을 갖춰야 한다.

현재 기업은 지속해서 변화를 꾀하고 있다. 실물 세계의 비즈니스를 의미하는 '브릭 앤 모타르 Brick and Mortar'에서 온라인의 다양한 기능을 취합해 인터넷 비즈니스와 실물 세계 비즈니스를 병행하는 '클릭 앤 모타르 Click and Mortar'로 옮겨

브릭 앤 모타르
건물 또는 매장을 가지고 영업하는 사업체, 즉 오프라인 형태의 회사를 총칭한다.

가고 있다. SNS를 비롯한 새로운 미디어의 출현은 기업과 고객의 유기적인 상호작용을 더욱 활발하게 만들고 있다. 이러한 환경 속에서 브랜드는 혁신적 전환점을 모색하고 새로운 전략을 구사해야 한다. 매체의 진화로 인해 브랜드 커뮤니케이션에도 소비자의 상호작용과 역동성을 보완하는 새로운 브랜드 미디어 패러다임이 필요해졌다.

브랜드 디자인 역시 새로운 아이디어 모색이 필요하다. 브랜드 이미지를 노출하는 방법 또한 소비자에게 혁신적인 경험을 제공하면서 새로운 브랜드 가치를 창조하는 방향으로 달라져야 한다. 혁신은 단지 기술에 국한된 것이 아니다. 성공적인 브랜드 혁신은 문화를 창조하고 라이프 스타일을 형성한다. 문화 전반에 걸쳐 있는 소비자와의 접점을 자유자재로 넘나드는 통합적인 브랜드 관리가 필요한 현 상황에서 트랜스 브랜딩 Trans Branding[1]이 탄생한 것은 필연적인 일이다.

클릭 앤 모타르
인터넷의 상징인 클릭과 브릭 앤 모타르를 합성한 용어다. 건물 또는 매장 없이 인터넷을 이용하는 사업체, 즉 온라인 회사를 총칭한다.

트랜스 브랜딩이란 무엇인가

급격한 변화가 일상적으로 찾아오는 트랜스 시대를 맞아 브랜드는 많은 어려움을 겪겠지만 그 여파를 줄이고 극복하는 방법이 있다. 바로 트랜스 브랜딩이다. 트랜스 브랜딩은 곧 브랜드 커뮤니케이션의 혁신을 의미하는 것으로 기술적 혁신과 더불어 소비자의 행동과 태도를 반영하는 정교함으로 완성된다.

또한 트랜스 브랜딩은 브랜드를 통해 상이한 시장을 연결하고 효과적인 이동을 가능하게 한다. 더 나아가 소비자의 마음속에 자리한 브랜드를 보다 가치 있게 만드는 브랜딩 작업과 실행을 위한 총체적인 전략까지가 모두 트랜스 브랜딩이다.

브랜딩 영역에서 오랫동안 변하지 않았던 전략은 '일관성'이었다. 과거의 비즈니스 환경은 안정적이었기 때문에 장기적인 전략을 세울 수 있었다. 그러나 급격한 속도로 변화하는 오늘날에는 전략이 무의미하다. 따라서 새로운 전략에 대한 정의가 필요한데, 이때 전략에 대한 새로운 정의는 비즈니스 영역의 가변적 특성을 반영해야 하며 과거의 '일관성' 대신 '유연한 일관성'을 인지해야 한다.

오늘날의 복잡한 트랜스 환경, 다시 말해 새롭고 강력한 기술의 물결과 소비자 중심의 가치가 이끄는 마케팅 3.0 속에서 다양한 패러다임이 통합된 트랜스 브랜딩은 메타 콘셉트 Meta-concept를 활용하는 것이 중요하며 소비자 중심의 유연한 관리가 필요하다. 아울러 가변적인 환경적 특성을 반영하고 그에 따른 효과적 전략을 위해 미디어와 비즈니스, 디자인을 통합하는 초월적 개념을 기억해야 한다.

마케팅 3.0
소비자가 직접 제품의 가치를 만들 수 있는 환경을 조성하고 소비자가 만들어낸 제품의 가치를 통해 소비자 자신과 사회에 기여할 수 있도록 하는 일종의 가치 주도형 마케팅이다.

메타 콘셉트
창조적 상상력의 근원으로 이질적인 분야의 다양한 요소 중에서 대중이 공감할 수 있는 공통점을 찾는 과정을 말한다.

트랜스 브랜딩이 갖추어야 할 유연성

기업은 예측 불가능하고 다양한 수요를 충족시킬 수 있는 공급 전략을 취해야 한다. 기업이 소비자의 최신 수요 패턴을 점령하기 위해 제품 개발 주기를 짧게 조정하는 것도 이에 해당한다. 트랜징 현상이 광범위하게 확산될 때 새로운 제품이 개발을 시작해 시장에 진출하는 데 걸리는 시간을 유연하게 조절하는 것은 트랜스 브랜딩이 갖추어야 할 조건 중 하나다. 특히 트렌드가 빠르게 변화하는 패션 산업군일 때 더욱 그렇다. 스페인의 인디텍스^{INDITEX}가 제품 개발 주기를 2주로 단축하면서 세계적인 SPA 브랜드로 거듭난 예가 이를 증명한다. 새로운 제품을 시장에 투입하는 속도를 단축하는 것은 비단 패션 산업이 아니더라도 많은 산업군에서 반드시 갖추어야 하는 유연성이 되었다.

사업 영역도 유연하게 정의할 필요가 있다. 이에 대한 사례로 스페인의 대표적인 신발 브랜드 캠퍼^{Camper}가 있다. 캠퍼는 특유의 철학으로 신발 브랜드를 넘어서 푸드볼 이라는 식문화 공간까지 사업을 확장하기 시작했다. 신발 제조업체가 진출할 수 있는 사업 분야가 아니라고 단정 지을 수도 있었던 식품업계로 진출한 것은 사업 영역의 구분을 유연하게 뛰어넘었기 때문에 가능했다. 캠퍼라는 브랜드가 갖고 있는 자연 친화적인 철학을 유지한 상태에서

| 트랜스 브랜딩 전략에 필요한 유연성 |

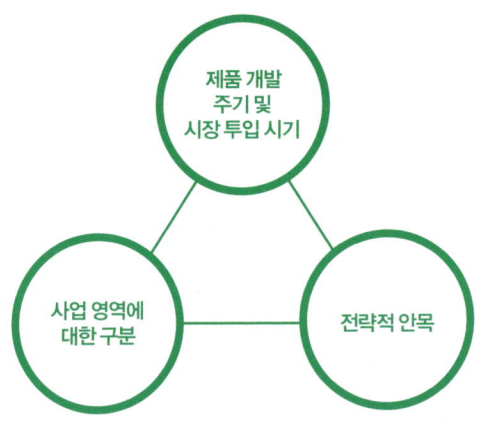

새로운 영역으로 나아간 것이기에 소비자에게 신선한 충격을 줄 수 있었고 사업 분야를 가장 효과적으로 트랜스 브랜딩한 사례로 꼽을 수 있겠다. 이처럼 기술뿐 아니라 시장도 융합하는 시대이기 때문에 제품 위주의 사고방식은 이제 무의미하다.

전략적 안목 역시 유연하게 조정해야 한다. 트랜스 시대가 도래하기 전에는 기본적으로 5년, 10년 단위의 전략을 세웠다. 그러나 트랜스 시대에서는 더 짧아져야 한다. 전략 분석 단위가 짧아지면 전략과 운영 계획이 어려워질 수밖에 없다. 따라서 전략이 집행과 바로 연결될 수 있도록 바뀌어야 한다.

트랜스 브랜딩을 위해 CTBO가 갖추어야 하는 능력

전략과 실행을 유연하게 조정하려면 이를 실행할 수 있는 조직이 필요하다. 따라서 기업은 트랜스 브랜드 업무를 담당할 수 있는 부서를 설치하고 업무를 총괄할 수 있는 임원을 임명해야 한다. 그 임원은 기존에 있는 직함으로 포괄할 수 없는 영역을 다루기 때문에 새로운 이름이 필요하다. 바로 Chief Trans Branding Officer, 즉 CTBO다. CTBO는 종전 Chief Information Officer인 CIO의 기술과 업무 능력을 비롯해 시장의 조류를 파악할 수 있는 통찰력을 갖춰야 한다.

조금 더 구체적으로 말하면 CTBO는 아날로그와 디지털 세계를 넘나들 수 있는 능력이 필요하다. 이를 위해 포스트모던 철학이 표방하는 해체와 재구성을 끊임없이 연구해야 한다. 시대와 조건에 따라 모순을 지니면서도 어느 시대마다 존재하고 있는 사회적 통념은 변화를 방해한다. 이러한 통념을 깨는 과감함과 거시적 안목이 필요하다. 요즘 인문학을 재조명하고 있는 것도 같은 맥락에서 이해할 수 있다. 디지털 환경에서 풀지 못하는 숙제를 과거의 철학 또는 역사에서 유용한 지침을 얻을 수 있기 때문이다.

02
트랜스 브랜딩의 실행 로드맵[2]

트랜스 브랜딩의 중요성

트랜스 브랜딩은 기존의 브랜딩 방식보다 변화에 더 적합하고 확장된 커뮤니케이션 전략으로 브랜드와 소비자가 만나는 모든 접점에서 고객과의 적극적으로 상호작용하며 메시지를 만든다. 여기에서 접점이란, 소비자가 브랜드를 경험하는 결정적 순간으로 중요한 의미가 있다. 필립 코틀러는 기업의 DNA를 구성하는 미션, 비전, 가치가 소비자의 정신과 마음 그리고 영혼을 만족시켜야 한다고 했다. 이는 기업의 아이덴티티가 진정성 있는 브랜드로 강화되어야 강력한 이미지가 형성된다는 것을 뜻한다.

트랜스 브랜딩을 실현하기 위해서는 고객과 함께 공동 가치를 만들면서 브랜드 아이덴티티와 브랜드 이미지의 교집합을 극대화하고, 브랜드의 진정성을 소비자가 자연스러운 경험으로 인지해야 한다. 소비자의 체험이 중요해지면서 계획적인 기업 이미지, 혹은 계량적인 기업의 목표는 무의미해졌다. 소비자는 시공간의 제약 없이 기업이 노출을 의도하지 않았던 불특정 정보와 이미지까지 열람할 수 있게 되었기 때문이다.

트랜스 브랜딩 로드맵

트랜스 브랜딩 로드맵은 전략 기획에서 많이 활용되는 VSA 모델에서 나온 것이다. 이 모델은 기업이 달성하고자 하는 비전에서 시작한다. 흔히 'To Be'라고 부르는 비전은 5년 혹은 10년 후 기업이 다다르고자 하는 시장의 위치라고 해석하면 된다.

VSA 모델
Vision, Strategy, Action의 줄임말이다.

예를 들어 현재 커피 전문 업체인 스타벅스Starbucks의 비전이 커피에 대한 의존도를 줄이고 포괄적인 음료 전문 업체로 발돋움하는 것이라고 가정해 보자.

다음 단계로는 트랜스 브랜딩 전략을 확인해야 한다. 이 단계는 다소 추상적인 비전을 좀 더 구체적으로 실천이 가능한 방향으로 풀이하는 작업이다. 스타벅스에서는 당분간 커피가 사업의 주축이 될 예정이기 때문에 우선순위를 커피로 두되, 차 음료 시장도 성장세가 되게끔 하는 전략이 필요하다. 이 전략을 트랜스 브랜딩 로드맵에는 V-S1로 표기했다. 하지만 장기적으로 커피 시장 둔화와 경쟁 심화가 우려되므로 이러한 위협에 대응할 수 있는 다각화를 고려해야 하는데 그 전략적 대안이 바로 V-S2, 즉 비#커피 음료 시장 개발이다.

마지막 단계는 비전에서 비롯된 전략 방향을 아주

| 트랜스 브랜딩 로드맵 (VSA 모델) |

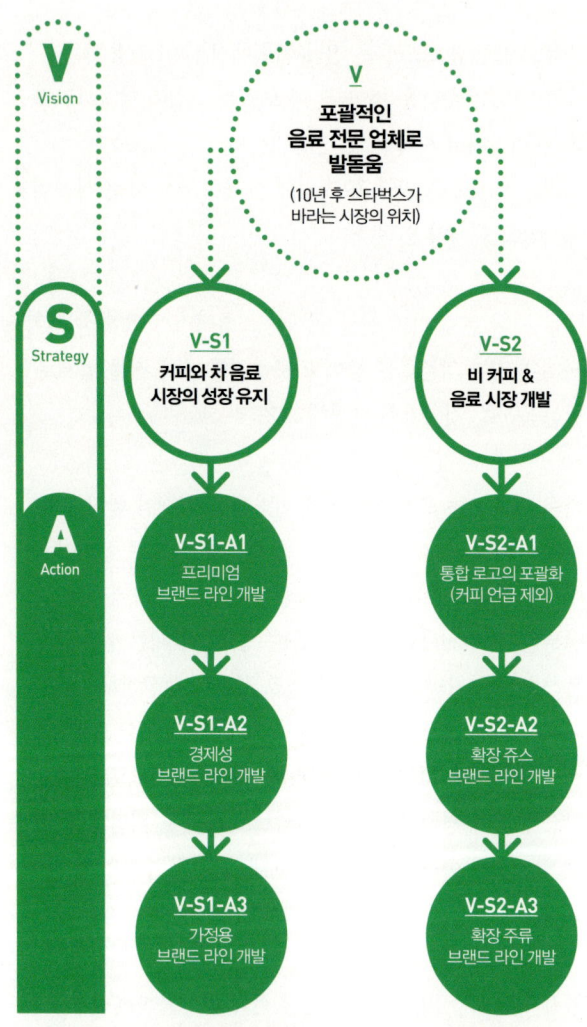

구체적인 행동으로 옮기는 것이다. 로드맵 양쪽에는 연속성^{Continuity} 화살이 그려져 있는데 그 이유는 비전과 전략, 행동을 일관성 있게 평가하기 위해서다. 기업은 때때로 비전이 너무 광범위하거나 두리뭉실해 전략 방향과 동떨어진 경우가 있다. 이럴 경우 행동 단계에서 비전과 전혀 관계없는 여러 행동을 집어넣어서 비전에 오히려 해가 될 수 있다. 행동은 두 번째 단계인 전략에서 그 방향이 정해져야 한다.

예를 들어 V-S1은 커피와 차 음료 시장의 성장 유지인데 V-S1-A1부터 V-S1-A3은 모두 커피와 관련된 행동 방안이다. 이에 반해 V-S2는 더 과감하게 비 커피 음료 시장을 개발하는 전략으로 이에 해당하는 행동도 같은 성격을 띠고 있다. 여기서 특히 주목할 만한 행동은 브랜드 커뮤니케이션 방식인 V-S2-A3이다. 스타벅스의 유명한 인어 로고가 몇 년 전 'Coffee'라는 문구를 지우면서 디자인을 변경했는데 이는 회사가 장차 나아가고자 하는 방향인 포괄적 음료 전문 업체로서 브랜드 아이덴티티 발판을 만든 행동이라고 볼 수 있다.

트랜스 브랜딩 전략 가이드

트랜스 브랜딩을 위한 전략은 핵심 아이덴티티 실행을 위한
브랜드 가치와 함께 전략, 구조, 커뮤니케이션 간 통합이
중요하다. 이를 위해 '트랜스 미디어 믹스$^{Trans\ Media\ Mix}$'와
'스타일 매니지먼트$^{Style\ Management}$'의 적절한 활용이 중요하다.

트랜스 미디어 믹스는 트랜스 미디어 전략에 관한
것으로 앞장에서 살펴보았던 트랜스 미디어에 관한
다양한 플랫폼의 유기적인 활용을 의미한다. 트랜스
미디어 믹스에서 유의해야 할 점은 브랜드의 핵심 가치를
파악하고 이를 가장 효과적으로 전달할 수 있는 미디어
커뮤니케이션 수단을 선택하는 것이다. 상황에 맞는
유연하고 유기적인 트랜스 미디어 믹스를 통해 효과적인
브랜드 커뮤니케이션을 수행할 수 있어야 한다. 이때
트랜스 미디어의 네 가지 특징에 대한 이해는 필수다.

스타일 매니지먼트는 브랜드 디자인 전략에 관한 것으로,
브랜드의 핵심 가치에 트랜스 미디어 특징을 응용해
구체적으로 어떻게 시각적, 감각적 경험 이미지를 구현할
것인가에 관한 방법론이라고 할 수 있다.

트랜스 브랜딩 전략 체계

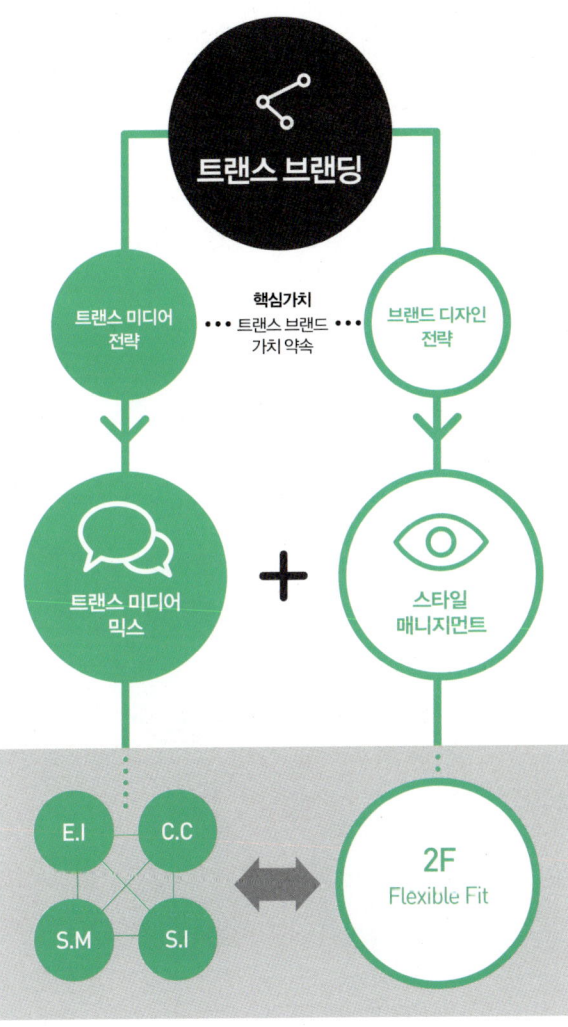

CHAPTER 3 | 트랜스 시대의 브랜딩

트랜스 미디어를 고려한 트랜스 브랜딩의 실현

트랜스 미디어는 상황에 맞는 효과적인 트랜스 미디어 믹스를 통해 트랜스 미디어의 진화하는 상호작용, 협력적 창조, 체계적이고 다차원적인 경험, 지속 가능한 아이덴티티라는 특징을 수행한다. 트랜스 미디어 믹스는 단순히 다양한 매체를 활용하는 것을 넘어서 최적으로 통합하는 것으로, 어떤 미디어 믹스가 더 큰 시너지를 낼 수 있을지 파악하는 것이 중요하다. 특히 온·오프라인 간 경험을 연계하면서 브랜드의 진정성을 표현할 때 진가를 발휘할 수 있다.

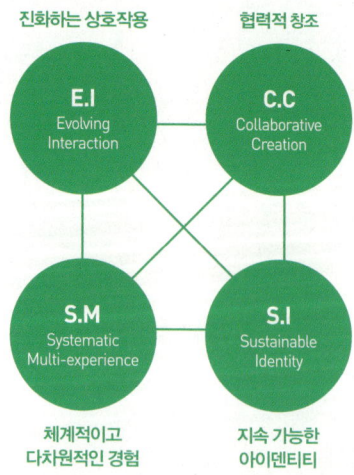

| 트랜스 미디어 믹스 |

스타일 매니지먼트를 통한 트랜스 브랜딩의 실현

트랜스 브랜딩 전략을 위해서는 브랜드 디자인 실행과 관련된 스타일 매니지먼트도 중요하다. 스타일 매니지먼트는 유연한 시각으로 브랜드 스타일과 느낌을 효과적으로 활용하는 것이다. 엄격하고 획일적인 규제가 아니라 새롭고 직관적인 브랜드 아이덴티티 표현을 통해 상황에 따라 통제와 창의성 사이에서 응용과 조화를 만들어야 한다.

시각 체계의 효과적인 적용을 위해서는 스타일 매니지먼트에 '2F : Flexible Fit^{유연한 일관성}'을 적절히 활용해야 한다. '2F : Flexible Fit'은 스타일을 결정하는 기본 요소로 브랜드 의미와 부합하는 전략적 디자인 이미지, 더 나아가 시각을 포함한 모든 총체적 감각을 다룰 때 유연성과 일관성을 함께 조합하는 것을 의미한다.

Fit과 Flexible 전략은 브랜드 메시지를 명확하게 전달해 주는 매개체가 된다. 여기서 Flexible은 시간, 장소, 미디어, 고객 수요 등을 위해 브랜드에 다양한 변화를 추구하며 진화하는 전달과 표현, 스타일의 다양성과 매력도를 이루는 것을 의미한다. Fit은 브랜드의 근본과 핵심 역량을 반영해 브랜드의 일관성 있는 가치를 지속적으로 보여 주는 표현이며 스타일의 중심을 가리킨다.

2F : Flexible Fit

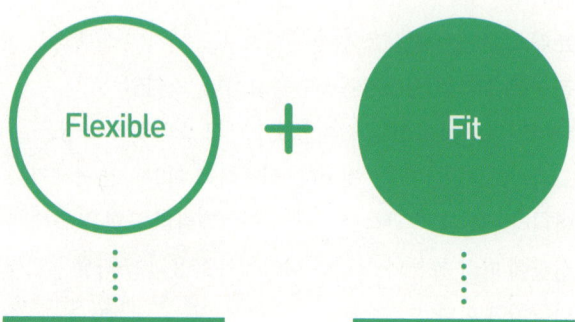

Contemporary
시간, 장소, 미디어, 고객 요구 등을 반영한 새로운 스타일 표현이 필요

Evolve
전달과 표현 방식의 진화

Expand
스타일을 통해 브랜드의 확장 경로를 마련

Essence
브랜드의 근본, 핵심가치

Dogma
브랜드 신념을 실행하기 위한 지침

Consistency
브랜드의 일관성 있는 가치 유지

스타일 매니지먼트의 실행

트랜스 브랜딩을 위한 스타일 매니지먼트는 통합 디자인 관리 차원에서 중요한 개념이다. 스타일 매니지먼트란 '브랜드다움'을 만드는 스타일 관리 전략을 의미한다. 이에 앞서 먼저 브랜드 스타일에 대한 정의가 필요하고 나아가 브랜드 스타일 파노라마를 통해 효과적인 스타일 매니지먼트가 수행될 것이라 믿는다.

브랜드 스타일

스타일에 관한 경영, 역사, 디자인 학자의 정의를 참고하면, 스타일은 고유한 특질이나 형태 및 표현 방식이자, 개인 또는 집단 예술 속에서 지속적으로 나타나는 표현이다. 또한 다른 것과 구분되는 시각적 통일성과 유연성을 의미한다.

그렇다면 브랜드 스타일이란 스타일 개념을 브랜드에 접목한 것으로, 브랜드 아이덴티티를 표현하는 다감각적 표현 방식이자 총체적인 시스템이라고 정의할 수 있다. 이는 브랜드 커뮤니케이션 수행을 위한 세부 요소이며 브랜드의 시각 표현을 만드는 중요한 기능이다. 브랜드 스타일은 브랜드가 지닌 핵심 가치를 유지하되, 시대

흐름을 반영해 점진적 혹은 혁신적으로 변화해야 한다.
급속도로 발전하는 미디어 속에서 진화하는 브랜드
아이덴티티처럼 브랜드 스타일 역시 일관된 모습보다
다양하고 새로운 모습을 보여 주는 전략이 필요하다.
스타일 전략 아래 낯익은 시각 요소를 깔끔하고 일관성
있게 사용하면서, 다양한 요소를 변화시켜 소비자의
오감을 자극해야 한다. 또한 각각의 요소를 조절해
전체적인 이미지를 그려낼 수 있어야 한다.[3]

스타일 파노라마

스타일 파노라마는 스타일 매니지먼트를 실행하기 위한
체계다. 이것은 기본적으로 통합 마케팅 커뮤니케이션을
기반으로 한다. 브랜드 정체성을 보여 주는 하나의
메시지를 고객에게 전달하기 위해서 제품, 매장, 패키지,
시각 환경에 이르는 디자인의 모든 영역에 유기적인
일관성과 스토리가 있어야 한다. 이러한 통합 전략은
예상치 못한 다양한 접점에서 소비자를 만나게 해 준다.

스타일 파노라마는 통합적이고 유기적인 관리에서 확장해,
트랜스 미디어의 특징을 반영한, 트랜스 브랜딩을 만들기
위한 전략이다. 브랜드의 핵심 가치를 바탕으로 독자적인
개성과 문화를 정립하고 유지해야 하며 이를 위한 브랜드,

디자인, 마케팅의 통합적이고 유기적인 스타일 관리가 필요하다. 그리고 여기에서 중요한 것이 바로 '2F : Flexible Fit'이다. 이는 시각 체계에 있어 적절한 유연성으로 브랜드 메시지를 명확하고 활력 있게 전달해 주는 매개체이자 장치이다.

| 스타일 파노라마의 원리 : 2F 전략 |

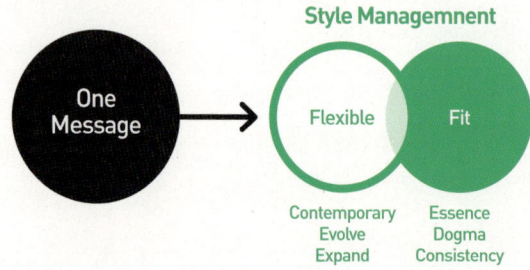

| 스타일 파노라마 |

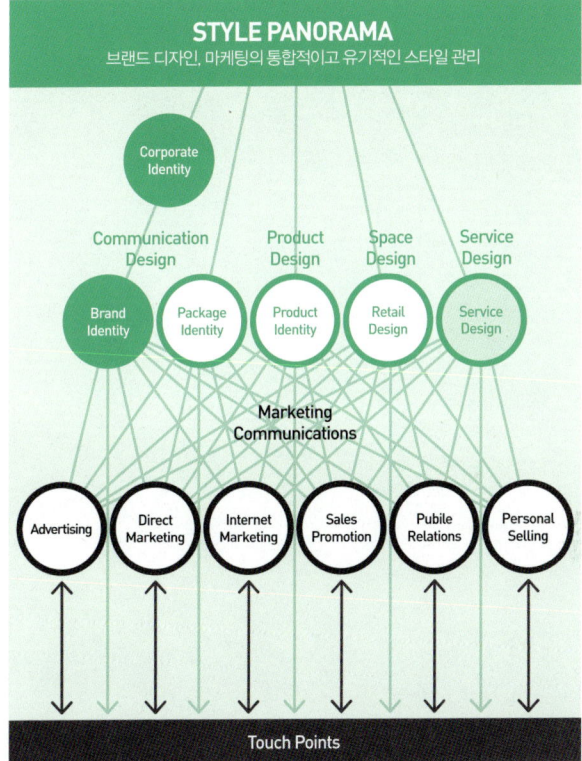

CHAPTER 3 | 트랜스 시대의 브랜딩

CHAPTER 4

트랜스
브랜딩
사례

01 브랜드의 진정성과
  지속 가능성을 보여 주어라

  △ 사례 1 | 현대카드
     사례 2 | 키엘

02 지속적으로 변천하는
  브랜드 속성을 이해하라

  △ 사례 1 | 코카콜라
  △ 사례 2 | 스타벅스

03 가시적인 역동성으로
소비자와 상호작용하라

- 사례 1 | 구글
- 사례 2 | 유니클로
- 사례 3 | 캠퍼

04 초월적인 매력으로
차별화하라

- 사례 1 | 이케아
- 사례 2 | 레고

01
브랜드의 진정성과 지속 가능성을 보여 주어라

사례 1 | 현대카드
사례 2 | 키엘

| Transparent Branding |

브랜드는 투명해야 한다

브랜드는 거짓이 아니라 진심을 정직하게 내보여야
한다. 오늘날 소비자는 영리하다. 잘 포장된 광고에
결코 현혹되지 않는다. 그만큼 브랜드의 진정성과 지속
가능성이 중요해졌다. 브랜드가 위기에 빠졌을 때도 어떻게
진정성 있게 해결하느냐가 관건이 되었다. 고객 불만
사항과 품질 문제에 대해 공개적으로 토론하는 캠페인을
벌여 논란을 극복한 사례도 있다. 브랜드의 투명성은
소비자의 불만에 정직하게 대응하는 것이 중요하다.
특히 미디어 파급력이 빠른 오늘날 불만 사항을 그대로
방치했을 경우, 소셜 네트워크를 통해 급격히 확대될 수
있다.

기업은 신뢰성, 신비주의, 스토리텔링, 의외성 등 브랜딩에
필요한 다른 요소와 경중을 따져 적절한 수준으로 브랜드
투명성^{Transparent}을 설정할 필요가 있다. 브랜드의 진정성은
브랜드가 전달하고자 하는 사회적 메시지에 잘 나타나며
그 메시지를 바탕으로 확장되어 소비자와 공유하는 과정을
통해 소비자의 일상에 더욱 친근하게 녹아들 수 있다.

브랜드는 브랜드의 가치와 개성에 부합하는 사회문화적
이슈를 적절하게 융합하고 지속적으로 소비자와
커뮤니케이션할 때 진정성을 가질 수 있다.

사례 1
현대카드

STRATEGY 1.
기술력으로 새로운 라이프 스타일을 제시하라

STRATEGY 2.
누군가의 꿈을 위해 재능을 사용하라

STRATEGY 3.
지키고 싶은 가치를 함께 나누고 창조하라

STRATEGY 4.
영혼과 개성을 담은 문화를 만들어라

> 치밀한 마케팅과 차별화된 감성 스타일로 고객에게 다가가며, 삶의 가치와 문화를 새롭게 재해석해 진정성 있는 철학으로 다가간다.

현대카드의 트랜스 브랜드 스토리

1995년에 설립해 곧 20주년이 되는 현대자동차그룹 계열사인 현대카드는 2005년 세계적 금융 기업인 GE소비자금융과 전략적 제휴를 맺어 글로벌 기업으로 도약했다. 카드 업계로는 국내 최초로 토탈 금융 서비스 공간인 파이낸스샵을 오픈했으며, 현재는 910만 명이 되는 회원을 보유하고 있는 회사다. 현대카드는 고객의 새로운 취향에 맞고 차별화된 신상품을 지속적으로 선보인다. 현대카드 핵심 역량의 원천은 '초지일관 현대카드스러움을 추구'하는 경영 철학에 있다.

앞서 말한 현대카드스러움이란 첫째, 감성 마케팅 이면에 숨겨진 '과학적인 브랜드 마케팅'을 의미한다. 현대카드가 시장 진출 6년 만에 점유율이 8배나 성장하는 경이적인 성과를 만들 수 있었던 것은 '티파니 상자에 숨겨진 과학'으로 표현되는 세련된 디자인 이면에 숨겨진 과학적이고 치밀한 마케팅 전략 때문이었다.

현대카드스러움을 완성하는 두 번째 요소는 금융회사를 떠올리면 느껴지는 보수적이고 관료적인 분위기와 정반대인 '역동적이고 개방적인 기업문화'를 들 수 있다. 현대카드를 구성하고 있는 직원은 다른 기업에 비해 출신이 매우 다양하고 이색적이다. 마음만 먹으면 언제라도 팀을 옮길 수 있는 인사 시스템인 '커리어 마켓'을 통해 도전할 수 있는 기회도 누구에게나 주어진다. 뿐만 아니라 부서원이 부서장을 평가하는 '상향 평가 제도'가 있어 관리자일수록 치열한 자기계발을 멈추지 않는다.

바로 이런 현대카드스러운 경영 철학을 통해 임직원의 행동 방식과 마인드를 한 방향으로 모으고 공감대를 형성해 조직을 변화시키는 진화의 밑거름을 마련할 수 있었다.

STRATEGY 1.
기술력으로 새로운 라이프 스타일을 제시하라

셸터
버스 정류장과 별도로 비나 바람을 피할 수 있는 옥외 설치물을 말한다.

기존 버스 셸터^{Shelter}는 잊어라. 현대카드는 지루한 기다림의 공간을 문화 콘텐츠를 즐길 수 있는 새로운 공간으로 탈바꿈시켰다. 버스를 기다리며 무의미하게 보낼 수 있는 시간을 소중한 정보를 만날 수 있는 유익한 시간으로 바꾼 것이다.

서울역 버스 셸터에서 시작해 잠실역 버스 셸터에 이어 코엑스몰 내 기둥에 설치한 라이브러리 스크린은 영등포 타임스퀘어에서 박스 형태로 발전했다. 현대카드는 'Make, Break, Make'라는 슬로건을 바탕으로 '만든 것을 깨부수고 다시 새로운 것을 만드는 기업'이라는 의미를 알리면서 색다르고 독특한 스타일로 대중에게 다가갔다. 공공서비스인 버스 셸터 공간이 공익적 의미가 더해져 도서관으로 변했다. 현대카드가 보유한 수많은 자료와 독점적 콘텐츠를 활용하여 '책'과 '공간'이라는 두 가지 개념을 셸터에 절묘하게 결합시켰다.

현대카드는 버스 셸터를 도서관으로 바꾸기 위해 첨단 기술을 적용하면서도 아날로그적 향수를 자극하는 실체로 구현하고자 했다. 현대적인 디자인 대신에 손때 묻은 책을 손으로 넘기는 아날로그적 느낌을 터치스크린을 통해

살렸다. 이는 옛것에 대한 추억과 첨단 기술을 융합한
결과물이었다. 현대카드는 그동안 국내에서 쉽게 접하기
힘든 정보와 자료를 모아서 슈퍼 콘서트 시리즈를 비롯해
다양한 형태로 대중과 소통해 왔다. 영등포 타임스퀘어에
있는 현대카드 라이브러리 셸터는 키오스크 Kiosk 형태로
제작하고 의자를 설치해 사람들에게 잠시 도서관 의자에
앉아 책을 읽는 듯한 느낌을 받을 수 있도록 고안했다.
의자 디자인 역시 한 권의 책과 같은 형상으로 만들어
도서관 분위기가 제대로 나도록 했다. 현대카드 라이브러리
셸터는 기존의 고정관념을 깨고 예상치 못했던 장소에서
고객에게 영감을 주고 싶다는 현대카드의 진심이 만든
결과물이다.

키오스크
공공장소에 설치된
터치스크린 방식의
정보전달 시스템이다.

두 번째 사례는 현대카드와 기아자동차의 협업 프로젝트인
'마이 택시 My Taxi'다. 대한민국 최대 첨단 IT 전시회인
'월드IT쇼 World It Show'에서 선보인 '마이 택시'는 승객 친화적,
도시 친화적, 환경 친화적 콘셉트가 담긴 자동차다. 마이
택시에는 IT 기술이 어려운 것만이 아니라 우리의 생활을
보다 더 편리하게 바꾸는 것이라는 철학이 담겨 있다.

월드IT쇼
대한민국에서 매년
개최하는 정보통신
박람회로 아시아
최대 규모로 진행되며
정보통신과 관련된
첨단 기술의 경연장이다.

마이 택시 뒷좌석에 앉으면 승객 전용 디스플레이에
눈길이 간다. 디스플레이를 통해 목적지를 입력하면 이동
경로와 예상 요금의 조회가 가능하다. 택시 기사의 정보
역시 확인할 수 있으며, 에어컨 온도 조절과 핸드폰 충전도

마이 택시 내부의 모습과
외관

가능하다. 승객 전용 디스플레이는 6개 국어를 지원하여 외국인을 위한 서비스까지 포함되어 있다. 승객용 손잡이에는 위치 기반 장치가 장착되어 있다. 손잡이를 스마트폰으로 접촉할 경우 기사 정보와 택시 위치 등을 확인할 수 있으며, 가족이나 애인을 배웅할 때 유용하게 활용할 수 있다. 택시를 이용하다 보면 겪을 수 있는 위험하고 불편한 상황이 마이 택시에서는 문제가 되지 않는다. 이밖에 세 가지 색상의 루프 사인으로 승객 탑승, 예약 여부 등을 확인할 수 있게 했다.

STRATEGY 2.
누군가의 꿈을 위해 재능을 사용하라

정부와 현대카드의 협업으로 만들어진 현대차미소금융재단은 2010년부터 저소득층에게 대출을 비롯해 경영 컨설팅, 인테리어, 마케팅 기법 등 토탈 솔루션을 전수하는 '드림실현 프로젝트'를 진행했다. 드림실현 프로젝트 대상자로 선정되면 해당 업종 전문가가 함께 사업 아이템, 입지, 상권 분석 등 다각도 서비스를 시작한다. 또한 점포 리모델링부터 마케팅, 홍보, 고객 관리에 이르기까지 사업 전반에 걸쳐 전폭적 지원을 받게 된다. 점주는 점포 리뉴얼과 관련한 모든 의사 결정에서 자신이 원하는 콘셉트와 바꾸고 싶은 부분에 대해 적극적으로 의사를 개진하고 전문가는 그 의견을 최대한 반영해 마스터플랜을 만든다.

현대카드 디자인랩은 이 프로젝트에서 소상공업자 경영에 도움이 될 수 있는 디자인 리노베이션을 담당했고 디자인으로 세상을 바꾸겠다는 사회 환원 정신을 보여 주었다. 비즈니스에 도움이 되는 디자인이야말로 좋은 디자인이라는 콘셉트로 사업자가 스스로 일어설 수 있도록 도왔다. 2012년 11월까지 7개의 점포를 리뉴얼했으며 소상공인의 자활을 돕기 위한 노력을 계속하고 있다.

드림실현 프로젝트 1호점인 '포천 과수원 햇빛농원'은
홍제동 인왕시장에 위치한 과일 가게다. 이 사례는
현대카드 디자인랩의 디자인 기부가 어떻게 이루어지는지
보여 주는 대표적인 사례다. 점주는 아침마다 과일 가게
오픈을 효율적으로 하고 싶어 했으며 쥐나 벌레로부터
과일을 보호하면 좋겠다는 바람과 함께 장사하는 부인을
위해 겨울에 조금만 더 따뜻했으면 한다는 희망 사항을
전했다. 우선 추위와 벌레로부터 과일을 보호하기 위해
바닥을 20센티미터 올리고 지붕까지 하나의 구조체로
설계했다. 과일 가게에서 가장 중요한 과일 선반은 계절에
따라 달라지는 진열 방식을 수용하기 위해 높낮이를
조절하고 포갤 수 있는 디자인으로 제작했다. 시장 골목이
좁아 항상 그늘졌던 가게 분위기를 개선하기 위해 천장
부분을 투명한 재료로 덮었지만 나무로 빽빽한 숲에서 본
하늘 느낌의 그래픽을 연출해 빛이 내리는 나무 그늘에서

포천 과수원 햇빛농원

장사하는 듯한 분위기를 연출했다. 하루 장사가 소중한 과일 가게 영업에 지장이 없도록 이 모든 작업의 공정 80퍼센트 이상을 공장에서 제작해 현장에 바로 적용하는 섬세한 배려도 잊지 않았다.

드림실현 프로젝트 5호점 'Dr. 버블'은 세탁 업계 전체에 새로운 서비스 방향을 제시한 사례였다. 현대카드는 때때로 고객의 불신을 사기도 하는 세탁소에 전문성과 투명성을 부여하고 싶었다. 이를 해결하기 위한 수단이 쇼케이스 설치였다. 매장 앞에 위치한 쇼케이스는 공간을 설명하는 입간판 역할도 하지만 외부 환경이 세탁물에 영향을 끼치지 않도록 차단하는 기능도 있다. 색깔별 스티커로 오염된 부분과 정도를 표시하는 '오염 체크 스티커'와 세탁물과 함께 제공하는 '오염 확인서'는 이

Dr. 버블의 쇼케이스

매장에서 새롭게 도입한 시스템이었다. 이 덕분에 더 섬세하고 전문적으로 세탁물을 관리할 수 있고 고객은 신뢰할 수 있는 서비스를 받게 되었다. 원칙을 지키는 Dr. 버블의 생각을 보여 주기 위해 세탁소 벽면과 세탁물 비닐 커버에 세탁 기호표와 설명을 큼지막하게 적어 놓았다. 볼 때마다 헷갈리는 세탁 기호를 일목요연하게 정리한 좋은 자료가 되어 고객이 집에서도 옷을 적절하게 관리할 수 있게 한 것은 물론이고 그 자체로 전문적이고 친절한 세탁 서비스를 상징했다.

드림실현 프로젝트 7호점 '착한 정육점'은 'Local Cool'이 콘셉트 키워드였다. 동네 주민에게 "와! 우리 동네에 이런 곳이 있다니!"와 같은 놀라움을 주되 너무 과시적이거나 부담스러워 발길이 꺼려지는 곳이 되어서는 안 된다는 것이 기획 의도였다. 현대카드 디자인랩은 이곳이 동네 주민에게 사랑받고 그 동네에만 있는 쿨한 정육점이 되길 원했다. 모던하고 세련되면서 이국적 느낌을 주려 했고, 물론 주변 환경을 고려해 동네 분위기와도 조화를 잘 이루도록 디자인했다. 정육점 앞에 놓여 있는 빨간 수레와 돼지 모형 보드로 멀리서도 정육점이라는 것을 알아볼 수 있게 했고 상식직 역할뿐 아니라 '오늘의 특별 상품' 등을 홍보할 수 있는 기능성 오브제로 활용했다.

착한 정육점의 모습

STRATEGY 3.
지키고 싶은 가치를 함께 나누고 창조하라

아날로그적 삶의 가치를 회복하고 창조적 영감을 얻을 수 있는 곳, 바로 현대카드의 디자인 라이브러리다. 1만 1,000권 이상의 디자인 서적이 있으며 현대카드 회원이라면 누구나 이용할 수 있고 전시장, 북카페, 도서관으로 이루어진 3층 건물이다. 이곳은 아날로그적 감성이 담긴 가회동이라는 장소에 디자인과 책을 결합한 공간으로 전통과 현대, 지식과 감성의 공존을 테마로 하고 있다. 현대카드는 옛것과 새것의 공존을 적극적으로 표현하기 위하여 건물에도 한국 전통 건축의 특성과 현대 건축의 모던함을 반영했다.

현대카드는 인공조명을 최대한 배제하고 건물 전면에 유리창을 설치해 자연 채광에 의해 시간의 흐름을 느낄 수 있는 아날로그적 공간으로 만들었다. 빠르고 인위적인 현대 사회에서 자연스러움과 느림의 미학을 느끼게 하고, 책을 매개로 잃어버린 삶의 가치를 회복함으로써 마음의 휴식과 영감을 주는 공간이 되고자 했다. 또한 국내외 도서 전문가를 '북 큐레이터'로 초빙해 소장 도서를 한 권 한 권씩 선별하는 심혈을 기울였다. 그 결과 전체 도서 중 70퍼센트 이상이 해외 디자인 서적이고 상당수는 어디서도 찾아보기 힘든 희귀 서적을 보유하게 되었다.

가회동에 위치한
현대카드 디자인
라이브러리

디자인 영역의 분류부터 도서 선정 원칙과 청구 기호 라벨 규칙 등 라이브러리 운영 전반을 기존 도서관과 차별화해 현대카드만의 디자인 경영을 섬세하게 반영했다. 이러한 현대카드만의 철학과 진심은 변화하는 시대에 우리가 잊지 말고 지켜야 할 가치를 느끼게 하며 공감하고 확산할 수 있는 장을 만들었다.

STRATEGY 4.
영혼과 개성을 담은 문화를 만들어라

현대카드는 프로모션이나 이벤트를 추진할 때 기업의 철학과 원칙을 적용해 경쟁사와 철저하게 차별화한다. 단발성 프로모션이나 이벤트에 그치지 않고 이를 시리즈로 연계해 현대카드만의 문화 콘텐츠를 육성하기 때문이다.

일명 '슈퍼 시리즈$^{Super\ Series}$'는 현대카드의 영혼과 개성을 담은 문화로 진화했다. 슈퍼 시리즈는 2005년 테니스 여제의 빅 매치로 화제를 모았던 '현대카드 슈퍼매치'가 시작이었다. 스포츠 경기를 시작으로 공연, 스포츠, 영화에 이르는 다양한 문화 마케팅을 통해 현대카드 고객만이 누릴 수 있는 '특별한 경험'을 선사하며 고객의 라이프 스타일 동반자로 자리매김했다. 이에 그치지 않고 다양한 분야의 연사가 생각과 이야기를 공유하는 강연회 '현대카드 슈퍼토크', 유명 작가의 예술혼을 알리는 '컬처 프로젝트' 등을 끊임없이 기획하고 있다.

매번 새로운 도전으로 가득한 기획부터 디테일의 끝을 보여 주는 현장 서비스까지, 현대카드 슈퍼 시리즈에서는 '현대카드스러움'의 실체를 볼 수 있다. 현대카드가 고객에게 전하고 싶은 중요한 가치는 영혼이다. 현대카드는 그 가치를 말로 전하는 것이 아니라 고객이 직접 '경험'

현대카드의 슈퍼 시리즈
포스터

해야 한다고 생각했다. 현대카드스러움이란 고객에게 가장 현대카드스러운 가치를 보여 주고, 만지게 하고, 경험하게 하고, 소유하게 하는 데 있다. 현대카드 슈퍼 시리즈는 이런 현대카드의 영혼과 개성을 담아낸 소중한 결정체이자 고객과의 소통의 매개체다.

| 현대카드의 2F 전략 |

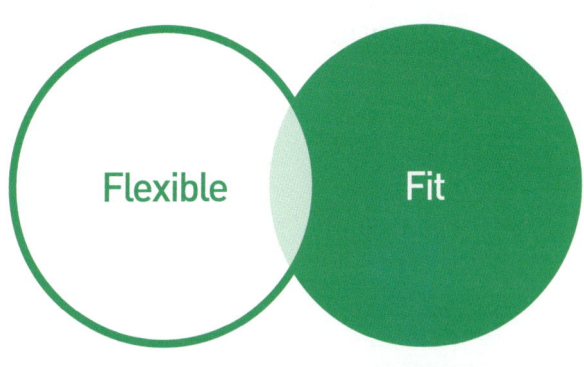

기술 혁신으로 고객
만족 선사

삶의 가치를 경영
철학과 융합

고객에 대한 진정성
있는 접근

기업 철학을 바탕으로
일관성 있는 디자인
스타일 유지

과학적이고 치밀한
전략적 마케팅을
기반으로 한 디자인

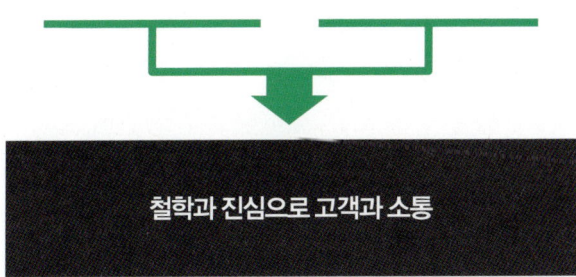

철학과 진심으로 고객과 소통

사례 2
키엘

STRATEGY 1.
전통과 전문성으로 소비자를 유혹하라

STRATEGY 2.
친환경 브랜드로 앞장서라

STRATEGY 3.
아티스트와 함께 젊음과 열정을 표출하라

> 최상의 제품과 서비스를 통해 고객과
> 진정성 있는 신뢰를 쌓고자 하는 키엘은
> 끊임없이 진화할 것이다.

키엘의 트랜스 브랜드 스토리

1851년 뉴욕에서 약국으로 출발한 글로벌 코스메틱 브랜드 키엘Kiehl's은 오랜 전통을 자랑한다. 키엘은 전 세계 각종 화장품 관련 어워드를 휩쓸며 입소문을 타기 시작하다가 마침내 국내 백화점 판매 1위가 되어 화장품 업계에 돌풍을 일으켰다.

키엘은 광고나 프로모션보다 오랜 시간, 여러 세대를 거치면서 최상의 품질과 모범적인 서비스를 제공하려고 노력했고, 까다롭기로 유명한 뉴요커와 셀러브리티의 입소문으로 사랑받는 브랜드로 성장했다. 100년이 넘는 키엘의 역사 속에서 수많은 변화가 있었지만, 최상의 제품과 서비스를 통해 고객의 신뢰를 얻고자 하는 키엘의 가치는 변함없었다.

키엘은 약학과 천연 성분에 대한 남다른 노하우가 있는 브랜드다. 창립 당시부터 약사와 화학자가 고객과 상담하고 피부에 맞는 제품을 제조해 맞춤형 서비스를 제공했다. 키엘은 이러한 전통과 맞물려 고객이 자신의 피부에 맞는 제품을 사용할 수 있도록 'Try Before You Buy', 즉 먼저 사용해 본 뒤 구매하는 샘플링 프로그램을 도입한 것으로 유명하다.

제품에 대한 고객의 믿음을 얻기 위해 1960년대부터 신제품을 조그만 병에 넣어 고객에게 나눠 주기 시작했고 이는 광고 없이 오직 입소문만으로 판매하는 키엘만의 전략으로 자리 잡게 되었다. 한 번 써 보면 반드시 다시 구매할 것이라는 확신과 제품에 대한 정직성이 돋보인다. 이러한 키엘의 역사와 철학은 많은 소비자와 공감대를 형성하면서 지금까지 이어지고 있다.

STRATEGY 1.
전통과 전문성으로 소비자를 유혹하라

코스메슈티컬
화장품과 의약품을 결합한 제품을 말한다.

미스터 본즈
미스터 본즈는 키엘의 160여 년의 전통과 과학적 지식을 바탕으로 전문성을 상징하는 키엘의 아이콘으로, 인체 골격을 해부학적으로 구현한 모습이다.

약국을 연상시키는 매장 인테리어와 약병에서 모티브를 얻어 디자인한 패키지, 하얀 약사 가운을 입은 직원은 키엘이 약국에서 시작한 최초의 코스메슈티컬 Cosmeceutical 브랜드라는 자부심의 표현이다. 160여 년의 전통과 과학적 지식을 바탕으로 전문성을 상징하는 미스터 본즈 Mr. Bones는 키엘의 마스코트로서 키엘의 역사를 상징한다.

키엘 매장에서는 피부 타입별로 100여 가지 화장품 샘플을 조제해 소비자에게 제공하고 있다. 친환경 원료와 전문적인 품질 관리도 중요한 성공 요인이다. 더 나아가 다양한 사회 공헌 활동과 친환경 캠페인은 키엘이 '착한 기업', '올바른 기업'이라는 이미지를 구축하는 데 큰 힘이 되었다.

키엘은 브랜드의 역사가 길지만 아이덴티티를 꾸준히 관리해 긍정적인 의미의 보수성과 진보성을 포괄하는 브랜드로 진화했다. 키엘의 안정적인 검은색 로고는 오랜 전통을 보여 주면서도 현대적이고 심플한 감각을 표현하는 데 부족함이 없으며, 필기체로 표현된 텍스트는 역동성과 진취성을 대중에게 어필한다. 무엇보다 키엘이 창립 이래 고집하고 있는 친환경 재료의 사용은 피부에 유해물질이

하얀 가운을 입은
종업원들의 모습

남지 않아 고객이 직접 효과를 체감하면서 단순히 치장을
위한 화장품이 아니라 전문적인 기능성 브랜드라는
이미지를 갖게 했다.

STRATEGY 2.
친환경 브랜드로 앞장서라

키엘은 전 세계에 공통적인 캠페인을 몇 가지 진행하고 있다. 첫 번째 캠페인은 재활용과 관련된 캠페인으로 고객이 화장품 공병을 매장에 가지고 오면 개수에 따라 키엘이 준비한 다양한 상품과 교환해 주었다. 이러한 친환경 캠페인은 고객의 신뢰는 물론, 브랜드 가치를 높일 수 있는 중요한 발판이 되었다. 키엘은 소비자가 직접 환경에 도움이 되는 활동을 하도록 만들어서 소비를 가치 있게 만들었다.

두 번째 캠페인은 유명 인사와 함께하는 디자인 공모전이다. 한국에서 진행하는 공모전의 테마는 매년 조금씩 달랐으나 오래된 산과 나무, 고궁 등을 보존하자는

공병 재활용 캠페인에 사용된 이미지

한국에서 진행된
캠페인에서 선정된
작품들

일관성 있는 주제로 다양한 소비자와 디자이너의 참여를
유도하고 있다. 선정된 작품은 키엘에서 가장 유명한
상품 뚜껑에 제작한 사람의 이름과 함께 캠페인 문구가
새겨졌고 판매 수익금은 한국의 오래된 나무와 고궁
보존에 사용되었다. 이 캠페인은 유명한 아티스트가
중심이 되었던 해외 사례와 달리 다양한 배경을 가진
대중의 참여를 이끌었다는 평가를 받았다. 또한 오랜 시간
동안 꾸준히 진행되어 친환경 마케팅과 사회 공헌 활동을
동시에 수행하는 키엘의 대표적인 브랜드 활동으로 고객의
큰 호응을 얻고 있다.

세 번째 캠페인은 키엘 에코백 공모전이다. 고객이
공모전에 응모한 400여 점 작품 중 20여 점의 본선
진출작은 온라인에 게시되었고 일주일간 전시 및 투표를
진행했다. 투표 후 본선 진출작 20점은 오프라인에서 '키엘
그린 갤러리'라는 이름의 전시도 열었다. 키엘을 사랑하는

다양한 에코백 디자인을
선보인 키엘의 공모전

아티스트와 고객이 직접 작품을 만들고 관람할 수 있도록 한 이 전시는 대중의 참여를 통해 키엘의 철학을 알린 사례로 남았다.

STRATEGY 3.
아티스트와 함께 젊음과 열정을 표출하라

약국에서 시작한 기능성 브랜드인 키엘은 자칫하면 고루하고 딱딱한 이미지가 될 수도 있었다. 이 점을 보완하기 위해 키엘은 다양한 아티스트와 협업을 통해 상품 패키지를 아티스트의 개성에 맞도록 새롭게 개발했다. 제프 쿤스 Jeff Koons를 비롯해 키엘과 콜라보레이션을 진행한 아티스트들은 예술 및 문화계에서 주목받는 신진 작가로 화려한 색채를 통해 젊음과 열정을 표출하는 팝아트적 속성을 지녔다. 이를 통해 키엘은 보수성과 진보성이 공존하는 브랜드로 도약할 수 있었고, 기존의 전통적 이미지에 젊고 새로운 브랜드 이미지가 추가되었다.

제프 쿤스
일상 속의 소품을 기술자에게 의뢰해 거대한 크기로 확대하는 작품으로 유명한 현대미술가다.

아티스트와 콜라보레이션한 결과물

전 세계에서 진행한 '미스터 본즈를 만나다^{Meet Mr. Bones}'라는
캠페인은 키엘을 사랑하는 셀러브리티의 재능 기부를
통해 키엘의 마스코트인 미스터 본즈를 재창조하는
프로젝트였다. 새롭게 태어난 미스터 본즈는 전시나 패키지
디자인에 활용되며 프로젝트를 통해 얻은 수익금으로
아마존 열대우림 지역 아이들을 후원했다. 한국에서는
YG엔터테인먼트와 함께 수익금을 푸르메재단에 전달해
어린이 재활병원 건립에 사용했다. 이 프로젝트는 앤디
워홀처럼 유명한 아티스트와 함께 오랫동안 진행되어
왔으며 여러 예술가의 특징과 미스터 본즈가 결합해
파격적인 팝아트로 재탄생하며 키엘이라는 브랜드에
새로운 활기를 불어넣었다.

'미스터 본즈를 만나다'
프로젝트의 결과물이
적용된 패키지 디자인

| 키엘의 2F 전략 |

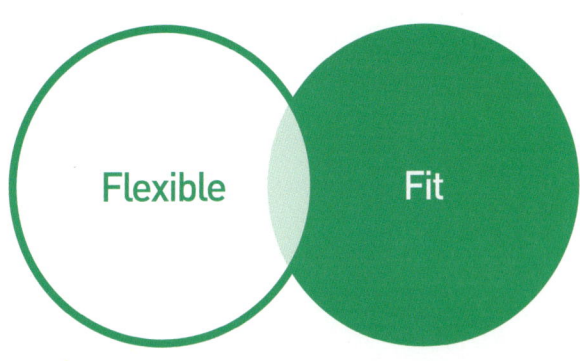

보수적인 성향을
탈피하기 위해
아티스트와 협업해
변화를 통한 진화 시도

진보적인 디자인을 위한
노력을 친환경 캠페인과
연계

확고한 철학을 바탕으로
품질과 서비스를 제공

브랜드의 역사성을
유니폼과 패키지 디자인에
반영하며 정체성 표현

진정성을 담은 전략으로
고객의 충성도 확보

전통과 전문성 그리고 환경까지 포용

CHAPTER 4 | 트랜스 브랜딩 사례

02
지속적으로 변천하는 브랜드 속성을 이해하라

사례 1 | 코카콜라
사례 2 | 스타벅스

| Transitional Branding |

브랜드는 변천한다

브랜드는 변화를 피할 수 없다. 브랜드 가치가 높을수록 변화를 수용하는 과정에서 유지할 것과 새로 받아들여야 할 것을 심사숙고해야 한다. 한번 손상된 브랜드 이미지는 복구가 쉽지 않기 때문이다. 잘못된 판단으로 인해 수년간 쌓아 온 브랜드 가치가 한 순간에 떨어질 수도 있다. 따라서 브랜드가 지속적으로 변천Transitional하는 속성을 이해하면 어떠한 변화를 취할 것인지에 대한 전략을 구할 수 있다.

특히 브랜드가 변화를 선택한 경우 소비자가 새로운 브랜드에 공감하고 적응하는 데 어려움이 없도록 배려가 필요하다. 그동안 강력한 브랜드 리더십을 통해 형성된 충성 고객이 예상치 못한 급격한 변화에도 혼란을 겪지 않아야 한다.

이를 잘 보여 주는 것이 바로 갭Gap의 사례다. 갭은 브랜드 로고를 리뉴얼했는데 고객의 평가는 좋지 않았다. 반향은 SNS를 통해 더욱 퍼져 나갔고, 급기야 일부 소비자는 자발적으로 브랜드 로고를 디자인하여 투표하는 등 적극적인 활동을 벌였다. 결국 갭은 소비자 의견을 반영하여 새로운 로고를 버리고 다시 원래 로고로 돌아갈 수밖에 없었다.

사례 1
코카콜라

STRATEGY 1.
즐거움을 오감으로 경험하게 하라

STRATEGY 2.
신기술을 활용해 창의적인 브랜드 미션을 전달하라

STRATEGY 3.
가치 있는 브랜드의 역사를 공유하라

STRATEGY 4.
트렌드에 맞춰 변화하라

> "소비자가 브랜드를 체험할 때, 기술을 앞세운 낯선 경험이 아니라 정서적 즐거움을 느낄 수 있는 경험이 되도록 기술을 자연스럽게 녹여낸다."

코카콜라의 트랜스 브랜드 스토리

1892년도에 설립되어 100년이 넘는 역사를 자랑하는 글로벌 브랜드 코카콜라. 코카콜라는 전 세계적으로 하루에 6억 잔 이상, 한 해에 470억 병이 소비된다고 한다. 코카콜라는 어떻게 오랫동안 세계 최고 브랜드를 유지할 수 있었을까?

코카콜라하면 가장 먼저 떠오르는 것은 강력한 시각 아이덴티티인 붉은색 로고다. 알파벳 'C'가 돋보이는 로고 디자인은 120여 년이 지난 지금까지 쓰이고 있으며 코카콜라 브랜드의 정체성을 상징한다.

코카콜라를 이야기할 때 용기 디자인을 빼놓을 수 없다. 1915년에 특허를 받은 허리가 잘록한 코카콜라의 용기 디자인은 모방 제품을 방지하기 위해 시작한 것이었으나 매력적인 실루엣으로 시장을 선점했고 코카콜라를 브랜드를 넘어 자본주의의 상징으로까지 성장할 수 있게 한 일등공신이다. 세계 전역에 퍼진 코카콜라의 용기는 미국으로 대표되는 서구 문화의 국경 없는 침투를 상징하면서 코카콜라의 브랜드 아이덴티티 파워를 여실히 보여 준다.

코카콜라는 강력한 글로벌 마케팅을 통해 지속적인 광고 및 캠페인을 펼쳐 왔다. 일명 '해피니스 캠페인'Happiness Campaign'으로 전 세계인이 코카콜라를 통해 행복과 즐거움을 오감으로 경험할 수 있도록 다양한 활동을 펼치고 있다. 이 과정에서 신기술을 활용해 창의적으로 브랜드 미션을 전달하고 가치 있는 브랜드 역사를 보존하며 적극적으로 공유하는 등 최고 브랜드로서 끊임없이 노력하고 있다.

STRATEGY 1.
즐거움을 오감으로 경험하게 하라

코카콜라는 제품을 통해 소비자가 행복과 즐거움을 느낄 수 있도록 창의적인 커뮤니케이션 전략을 구사한다. 특히 해피니스 캠페인을 중심으로 펼쳐진 다양한 프로모션은 전 세계인의 주목을 받았다. 해피니스 트럭, 해피니스 테이블, 해피니스 머신 등 예상치 못한 상황과 장소에서 소비자가 코카콜라를 마주하면서 행복을 경험할 수 있도록 한 것이다.

특히 싱가포르 국립대학교에 설치한 인터랙티브 자판기, '허그 미 머신Hug me Machine'은 코카콜라의 해피니스 캠페인의 성공적인 사례 중 하나다. 허그 미 머신은 기계 전면에 코카콜라 로고 대신 안아 달라는 메시지가 적혀 있었고 자판기를 꼭 끌어안으면 제품이 나오는 기계였다. 사람들은 혼자 또는 여럿이 자판기를 껴안으면서 즐거움과 행복을 경험할 수 있었다.

'해피니스 트럭Happiness Truck'은 예고 없이 불쑥 나타나 사람들에게 코카콜라와 작은 선물을 나누어 주는 빨간색 트럭이었다. 트럭에 있는 버튼을 누르면 무료로 음료수를 나눠 마실 수 있게 한 것은 소비자에게 독특한 경험을 제공했고 동시에 브랜드 메시지를 효과적으로 공유하는 장치이기도 했다. 이러한 커뮤니케이션을 통해 브랜드 가치를 공유하면서 코카콜라는 브랜드 충성도가 높은 소비자 팬덤을 구축하게 되었다.

코카콜라가 새롭게 시작한 '리프레시 캠페인$^{Refreshment\ Campaign}$'은 학업과 취업 스트레스에 지친 10대와 20대에게 주는 짜릿한 행복이라는 콘셉트로 진행되었다. 당시 코카콜라의 국내 모델이었던 가수의 모습이 영화관에 설치된 자판기에 장착된 스크린을 통해 계속 비추어졌고 그 모습을 소비자가 그대로 따라 하면 센서가 이를 인식해 제품이 공짜로 제공되었다. 소비자가 즐거운 체험을 하고 코카콜라를 마시면서 리프레시할 수 있도록 해 주자는 것이 목적이었다. 일명 '코크 댄스 자판기$^{Coke\ Dance\ Vending\ Machine}$'는 특정한 장소에서 일부 고객만 독특한 경험을 한 것처럼 보이지만 자판기 앞에서 춤을 추고 공짜로 제공된 코카콜라를 받으며 즐거워하는 사람들의 모습이 온라인을 통해 전 세계로 퍼져나가 자연스럽게 확산되었다.

STRATEGY 2.
신기술을 활용해 창의적인 브랜드 미션을 전달하라

코카콜라는 언제나 새로운 기술을 활용해 소비자에게 창조적인 즐거움을 준다. 창의성과 열정, 긍정, 즐거움을 불러일으키는 브랜드가 되고자 코카콜라는 다양한 커뮤니케이션 전략을 통해서 이러한 브랜드 메시지를 전달하고자 노력한다.

한창 SNS 열풍이 불던 시기에 이스라엘에서는 코카콜라가 매년 주최하는 여름 파티에서 얼굴 인식 기능이 장착된 체험 부스를 설치해 페이스북과 연동되도록 했다. 파티에 참석한 10대들은 별다른 조작 없이 부스에서 사진을 찍었고 즐겁게 파티를 즐기는 모습이 페이스북에 남았다. 페이스북을 통해 코카콜라의 파티 사진이 확산된 것은 자연스러운 결과였다.

브라질에서는 '해피니스 리필$^{Happiness\ Refill}$'이라는 캠페인을 통해 마치 사람들이 음료를 리필하는 것처럼 무선 데이터를 충전할 수 있도록 했다. 어린 학생들은 친구들과 문자를 주고받고 싶어 하고, SNS를 통해 더 많은 사람과 소통하고 싶어 한다. 그런데 브라질 무선통신 환경은 우리나라와 달리 대부분 유료이기 때문에 학생은 늘 무료 무선 데이터를 얻고 싶어 한다. 이러한 수요를 포착한 코카콜라는 새로운 기계를 선보였다. 패스트푸드점에서 흔히 볼 수 있는 자판기와 비슷해 보이지만 콜라가 아닌, 무선 데이터를 채워 주는 기계였다. 스마트폰에서 해피니스 리필 앱을 실행하고 컵에 음료를 담는 것처럼 스마트폰에 데이터를 담을 수 있도록 했다. 많은 양은 아니지만 무선 데이터에 대한 사람들의 갈증을 해소하는 데 충분했다. 많은 사람이 코카콜라가 스마트폰에 무선 데이터를 채워 주는 것을 눈으로 확인하고 직접 느낄 수 있었다. 행복을 채워 주겠다는 캠페인의 목적이 제대로 실현된 것이다.

STRATEGY 3.
가치 있는 브랜드의 역사를 공유하라

코카콜라는 120년이 넘는 브랜드의 역사가 있다. 코카콜라는 병과 포스터부터 각종 아이디어 제품을 모두 본사의 자료 보관소에 보유하고 있다. 관계자뿐만 아니라 소비자도 세계 어디서든 인터넷을 통해 자료를 구경할 수 있도록 사이트를 만들었다. 온라인에서 보는 것은 실제 자료 보관소의 모습이다. 마우스를 이용해 직접 자료실 구석구석을 살필 수도 있고 구경하고 싶은 물건을 자세히 확대하여 볼 수도 있다. 물건을 클릭하면 상세한 해설도 나온다. 또한 코카콜라의 역사 속에서 중요한 의미를 지닌 포스터도 열람할 수 있으며 지금의 용기 디자인이 완성되기 전에 시판된 용기들도 확인이 가능하다. 이 밖에도 각종 볼거리를 체계적으로 정리해 자연스럽게 코카콜라의 역사를 학습할 수 있다. 코카콜라의 이러한 노력으로 기업의 브랜드 역사를 소비자가 공유할 수 있게 되었고 기업의 자긍심 또한 높아지는 결과를 가져왔다.

STRATEGY 4.
트렌드에 맞춰 변화하라

코카콜라의 용기 디자인은 브랜드의 시각적 이미지를 대표하며 소비자와 소통을 통해 지속적으로 변해 왔다. 1915년 최초로 지금의 용기 디자인이 적용된 후 로고와 라벨 디자인이 조금씩 업그레이드되면서 오늘날과 같아졌으며 디자인이 변화하는 시점마다 시장을 리드하며 주도권을 확고히 했다.

지금도 코카콜라는 다양한 아티스트와 콜라보레이션하며 미디어와 트렌드에 맞춰 변화를 시도하고 있다. 특히 코카콜라 라이트는 이름 있는 디자이너와 함께 한정판 에디션을 만들어 큰 호응을 얻고 있다. 칼 라거펠트 Karl Lagerfeld 는 검은색, 회색, 분홍색만으로도 세련된 기하학적 패턴을 만들어 디자인했고 모스키노 Moschino 를 시작으로 코카콜라 용기에 본격적으로 옷을 입히기 시작했다. 커다란 핑크 리본, 구름 같은 솜 장식, 도트 패턴까지 크리에이티브하고 스타일리시한 코카콜라 용기에 소비자는 열광했다. 코카콜라는 지금도 꾸준히 다양한 명품 의류 브랜드와 콜라보레이션 작업을 진행하고 있다.

코카콜라는 최신 트렌드에 맞춰서 용기 디자인에 변화를 주는 노력을 게을리하지 않지만 과거에 사랑

칼 라거펠트
샤넬의 크리에이티브 디렉터로 유명해졌다. 무대 의상 디자인은 물론 현대 미술에도 진출했다.

모스키노
1983년에 프랑코 모스키노가 설립한 이탈리아의 유명 패션 브랜드다.

받았던 디자인도 잊지 않는다. 사람들의 기억 속에 남아 있는 이미지를 현대적으로 재해석한 빈티지 에디션을 출시했다. 이를 통해 장년층의 향수를 자극하기도 했으며 젊은 세대에게는 코카콜라의 오랜 역사를 간접적으로 드러내면서도 트렌드한 느낌을 놓치지 않았다.

이처럼 코카콜라는 오랜 역사를 바탕으로 어른에게는 추억의 브랜드로, 어린이와 청소년에게는 트렌디하고 친근한 브랜드로서 감정을 공유해 왔다. 이것이 바로 코카콜라가 지닌 트랜스 브랜드의 모습이다. 고유한 브랜드 이미지를 지키면서, 상황에 맞게 유연하게 변화했기에 가능한 일이었다.

| 코카콜라의 2F 전략 |

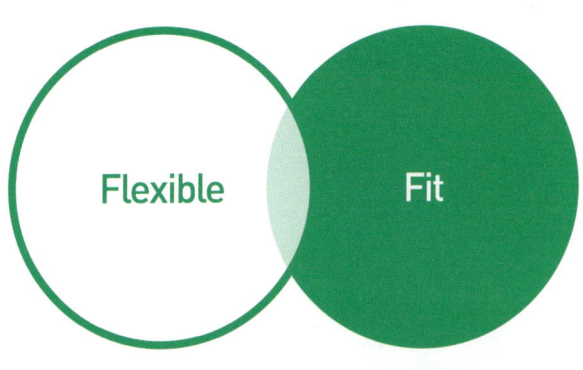

오감을 활용하는
캠페인 진행

신기술을 적극 활용해
브랜드 메시지 전달

역사적 전통은 유지하되
트렌드에 맞게 변화

신기술과 트렌드는
브랜드 철학을 전달하기
위한 도구로 활용

브랜드 역사를
소비자와 공유

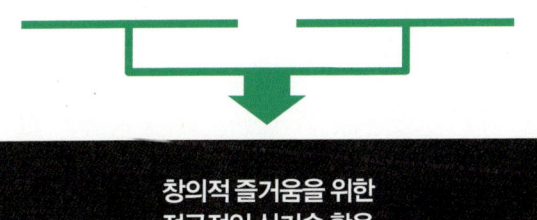

창의적 즐거움을 위한
적극적인 신기술 활용

사례 2
스타벅스

STRATEGY 1.
자연스럽게 스며드는 리브랜딩 전략을 구사하라

STRATEGY 2.
고객과 온라인 친구가 되어라

STRATEGY 3.
DNA를 유지하며 문화의 특징을 살려라

STRATEGY 4.
트렌드를 읽어라

> "
> 탄탄한 경영 철학으로 시장에 자연스럽게 스며들며, 적극적인 고객 소통과 사람 중심의 서비스로 편안하고 안락한 '제3의 공간'을 만든다.
> "

스타벅스의 트랜스 브랜드 스토리

1971년 시애틀에서 시작한 세계적인 커피 브랜드 스타벅스. 지금은 전 세계 50여 개국 1만 7,000여 매장에서 매일 수백만 명의 고객이 즐겨 찾는 세계 최대의 커피 브랜드로 성장했다. 스타벅스가 40년이 넘는 시간 동안 커피 하나로 전 세계를 사로잡을 수 있었던 비결은 무엇일까?

초록색과 흰색의 조합, 신화 속 세이렌 이미지로 디자인된 스타벅스 로고는 브랜드를 대표하는 이미지다. 지금까지 로고가 네 차례 변경되었지만 소비자에게 혼란을 주지 않았다. 로고뿐 아니라 매장도 브랜드 DNA를 유지하면서 훌륭하게 현지화에 성공했다. 또한 트렌드에 맞게 웰빙 음료, 과일 주스, 주류 등으로 사업을 확대하기도 했다.

이러한 변화 속에서도 고객과 적극적으로 소통하기 위해 웹사이트와 SNS를 통해서 고객과 친구가 되려는 노력을 기울였다. 스타벅스는 소수의 커피 마니아만이 즐기던 고급 커피를 '누구나 일상에서 즐길 수 있는 작은 사치품'으로 접근하면서 세상을 바꾸기 시작했다. 커피로 세상을 바꾸겠다는 철학을 세상에 널리 알렸고, 소비자는 이 새로운 생각에 공감하고 열광했다. 커피의 맛은 제대로 이해하지 못하더라도 커피 한 잔에 담긴 철학을 이해하는 사람에게는 커피 향이 다르게 느껴진다. 스타벅스 매장은 고객이 친구와 가족을 만나는 따뜻한 '제3의 공간'이자 고객의 일상을 커피 향과 함께 풍요롭고 특별한 경험으로 채우고 있다.

또한 스타벅스는 종업원에게 투자하고 회사의 구성원과 함께 스타벅스라는 브랜드를 만드는 것을 전략으로 삼았다. 좋은 직원이 좋은 서비스를 제공한다는 믿음이 있었기 때문이다. 스타벅스는 탄탄한 경영 철학으로 사람 중심의 편안하고 안락한 문화를 제공하는 데 성공한 것이다.

STRATEGY 1.
자연스럽게 스며드는 리브랜딩 전략을 구사하라

스타벅스는 1971년에 창립된 이후 로고를 네 번 바꿨다. 로고를 바꾼 데에는 금융 위기로 커피 소비가 줄고, 저가의 커피 브랜드 난립으로 입지가 좁아지자 과일, 식료품, 맥주, 와인, 차 등 사업 영역을 확장하면서 커피에 국한된 이미지를 버리자는 의도가 담겨 있었다. 로고에서 'STARBUCKS COFFEE'라는 워드마크를 과감히 빼 버리고 세이렌 이미지는 그대로 유지해 소비자가 경험했던 친숙함은 이어 나갔다. 스타벅스는 여러 차례 로고와 매장에 변화를 주면서도 고객이 브랜딩의 변화에 적응할 수 있도록 장기적인 노력을 기울였다. 변화를 지속하면서 그 변화에 따른 피드백을 섬세하게 관리하는 모습이야말로 글로벌 브랜드의 조건이다.

STRATEGY 2.
고객과 온라인 친구가 되어라

스타벅스는 고객과 끊임없이 소통을 시도하고 있다. 웹사이트와 SNS를 통해서 고객과 친구 되기에 나선 것이다. 스타벅스의 페이스북은 기업이 운영하는 페이스북 중에서 최대 규모를 자랑하며 '좋아요'를 누른 사람의 수가 1,630만 명을 넘어섰다. 이곳에 접속하면 동영상과 함께 캠페인이 가장 먼저 눈에 들어온다. 이는 중요한 내용을 가장 먼저 눈에 띄도록 설계한 것이다. 자체 개발한 모바일 앱으로 스타벅스 카드를 충전하거나 발급하는 것이 가능해졌고 페이스북 기능 중에서 '선물하기'를 이용해 친구에게 전달하는 것도 가능하다.

스타벅스의 페이스북이 고객과 자유롭게 소통하는 장으로 활용되고 있다면 트위터는 실시간으로 의견을 교류하는 곳이다. 스타벅스의 트위터를 팔로잉하는 사람은 110만 명이 넘었고 전체 트윗 내용 중에서 70퍼센트 이상이 팔로워 간의 대화다. 고객이 트위터에 불만을 표시하면 그에 대한 사과가 이어지고 사소한 질의응답부터 신변잡기에 가까운 농담까지 활발하게 오고 간다. 다양한 주제로 고객과 소통하려는 스타벅스의 노력이 인상적이다.

스타벅스 홈페이지에 있는 '마이 스타벅스 아이디어'라는 코너는 고객의 의견을 수렴하기 위한 게시판이다.
자유로운 토론을 장려하고 이곳에서 탄생한 좋은
아이디어는 직접 실천에 옮기는 형태로 운영되고 있다.
실제로 고객 아이디어를 적용한 사례는 500건을 훌쩍
넘겼다. 매장 내에서의 무료 무선 데이터 사용과 스타벅스
카드 등 현재 스타벅스의 주요 서비스가 모두 여기에서
채택된 아이디어다. 이 게시판은 스타벅스와 관련된
뉴스를 전달하는 매체 역할을 수행하면서 고객의 열정을
표현할 기회를 제공했다는 점에서 주목할 만하다.

SNS와 홈페이지는 모두 온라인 매체라는 공통점이 있지만
각각 서로 다른 특징을 갖고 있다. 페이스북과 트위터,
홈페이지라는 온라인 미디어의 특징을 세밀하게 이해하고
그 특성을 스타벅스는 적극적으로 활용했다. 그 결과
오늘날 소비자의 삶에 가장 밀접하게 연관된 온라인에서
스타벅스는 친구처럼 친근한 존재가 되었다.

STRATEGY 3.
DNA를 유지하며 문화의 특징을 살려라

스타벅스의 현지화 전략은 고객이 매장에 들어왔을 때부터 주문한 메뉴를 음미하는 순간까지 브랜드와 관련된 경험을 완성도 높게 구현하는 것에 초점이 맞춰져 있다. 스타벅스는 이를 위해 기본적인 마케팅 외에도 지역의 농가를 돕거나 특산물 생산 시스템을 만드는 데 참여하는 등 진정한 현지화를 꾀하고 있다.

스타벅스는 인도에 매장을 오픈할 때 지역에 특화된 서비스를 제공하고자 노력했다. 오직 인도에서만 맛볼 수 있는 메뉴를 특별히 개발했는데 이 음료를 제작할 때는 인도 현지에서 재배한 원두를 사용하는 것이 원칙이다. 또한 인도의 스타벅스 1호점은 지역 공예가와 아티스트가 현지에서 직접 구한 자재를 사용해 인테리어를 완성했다. 그 결과 스타벅스 고유의 DNA는 유지하되 현지 문화를 반영할 수 있었고 상징적이면서도 독특한 매장을 완성할 수 있었다. 현지 산업과 지역적 특성을 고려해 인도에 특화된 현지화 전략을 구사한 것이다.

일본 교토에 있는 스타벅스 매장은 역사 깊은 사찰과 커피 문화를 융합했다. 교토 중심지에는 쵸호지라고 불리는 오래된 절이 있는데, 지역 사람들이 남다른 애착을 갖고 있는 곳으로 조례에 따라 어떠한 건축물도 쵸호지의 외관을 가리면 안 된다는 조건이 있다. 바로 이 절 옆에 스타벅스 매장이 있다. 스타벅스는 이 매장을 설계할 때 매장 내에서 절이 잘 보이도록 전면을 통유리로 만들었고, 일본 전통문화와 서양 문화를 융합한 인테리어에도 심혈을 기울였다. 쵸호지와 똑같은 육각형 기둥과 일본 전통 건축물의 특징인 격자무늬로 내부를 장식해 교토스러운 분위기를 연출했다. 기모노 문화를 지원하기 위해 교토에 있는 염색장에게 계절에 따라 실내 벽면에 설치할 태피스트리Tapestry를 기모노 형태로 디자인해 매장을 방문한 고객에게 즐거움을 주었다.

태피스트리
염색 실을 사용해 그림을 씨줄과 날줄을 이용해 직조한 직물로 미술적 가치가 높다.

한국의 스타벅스 소공동점도 스타벅스의 DNA를 유지하면서 현지화에 성공한 사례로 꼽을 수 있다. 소공동점은 새롭게 개장할 때 두 가지 장소에서 모티브를 얻었다. 한 곳은 시애틀에 위치한 스타벅스의 첫 번째 매장이고 다른 한 곳은 덕수궁과 같은 한국의 전통 건축물이다. 시애틀 매장에서는 시간의 흔적을 느낄 수 있는 분위기를 한국의 전통 건축물에서는 한국의 정서를 재현하려 했다. 소공동점 기와 아래에 있는 간판은 나무를 재활용해 만들었고 각종 소품은 시애틀의 매장과 유사한 분위기를 풍기는 것으로 배치했다. 건물 외관은 한국의 전통 건축 양식을 훼손하지 않고 전혀 다른 국가의 분위기가 뒤섞여 스타벅스만의 공간으로 변모했다.

한국 스타벅스
소공동점의 외관과 내부

스타벅스는 자사의 브랜드를 그 나라의 문화와 자연스럽게 조화시켜 세련되게 연출한다. 고유의 아이덴티티와 철학은 유지하면서 세계 각국의 문화와 전통을 잘 살리는 것이다. 심지어 현지인이 잊고 있던, 혹은 미처 몰랐던 그 나라의 전통과 장점을 발견해 아름답게 구현하기도 한다. 그 어떤 나라에서도 스타벅스는 친숙하게 접근하면서 더 나아가 자국에 대한 자긍심까지 느낄 수 있는 공간을 연출한다. 커피를 마시는 데 공간이 중요한 요소로 자리한 만큼 스타벅스는 의미 있고 소중한 공간으로 소비자 마음속에 안정적으로 자리 잡았다.

STRATEGY 4.
트렌드를 읽어라

빠르게 변하는 시장과 소비자의 욕구를 파악한 스타벅스는 시장의 다각화를 추진해 건강 주스, 에너지 드링크, 주류 등 다양한 분야로 사업을 확장했다. 소비자가 건강에 대한 관심이 높아지자 스타벅스는 새로운 사업 분야로 과일 주스를 선택했다. 이윽고 스타벅스는 에볼루션 프레시라는 유기농 주스 생산 업체를 인수했고 슈퍼마켓을 통해서만 판매했던 제품을 독립 매장과 함께 스타벅스 전 매장에서도 판매하고 있다. 생과일과 야채

스타벅스에서 출시한
생과일 주스

주스 이외에도 수프와 샐러드를 비롯한 채식 메뉴도 제공하고 있어 건강식품 산업에 대한 스타벅스의 지속적인 투자 의지를 보여 주고 있다.

또한 에너지 음료 사업에도 뛰어들어 직접 개발한 천연 카페인 에너지 음료 '리프레셔'를 출시하기도 했다. '리프레셔'는 최상품 아라비카 원두의 로스팅 단계 전에 천연 카페인과 기타 에너지 물질을 추출하고, 말린 과일과 얼음을 더해 바리스타가 직접 만들어 제공하는 음료다. 1995년 출시된 스타벅스 프라푸치노 이후 두 번째로 탄생한 자체 음료 브랜드이며 고객에게 많은 관심을 받았다.

스타벅스는 여기에서 그치지 않고 와인과 맥주 판매까지 본격적으로 시작했다. 시애틀과 포틀랜드에서 실험적으로 판매해 왔던 와인과 맥주를 애틀랜타와 캘리포니아 남부 등 총 25개 매장으로 확대했다. 맥주와 와인에 잘 어울리는 짭짤한 스낵과 치즈까지 메뉴에 추가해 커피 문화와 주류 문화가 새롭게 융합할 수 있을지 관심이 쏠리고 있다.

스타벅스는 트렌드를 읽는다. 거기다 도전을 두려워하지 않았기에 사업의 다각화가 가능했다. 시대의 속도감과 함께 움직이는 스타벅스의 행보가 계속 기대되는 이유다.

| 스타벅스의 2F 전략 |

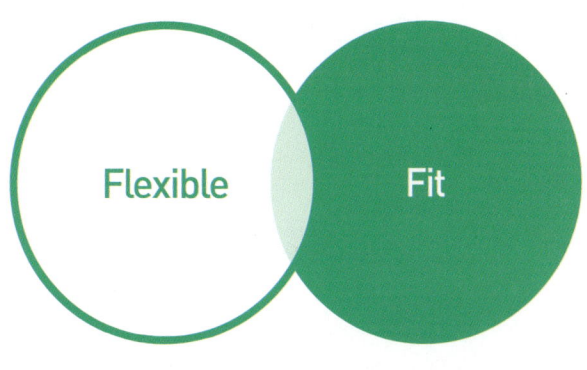

온라인 미디어로
적극적으로 소통하며
고객의 취향에 맞는
변화를 시도

스타벅스의
DNA를 유지하며
현지화 전략 추구

탄탄한 경영 철학을
바탕으로 자연스러운
리브랜딩을 추구

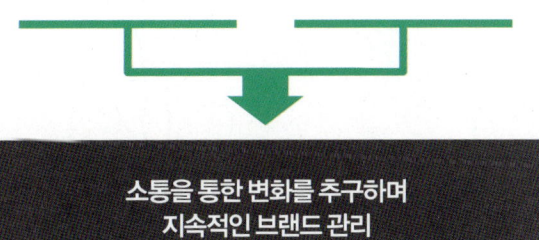

소통을 통한 변화를 추구하며
지속적인 브랜드 관리

03
가시적인 역동성으로 소비자와 상호작용하라

사례 1 | 구글
사례 2 | 유니클로
사례 3 | 캠퍼

| Transformable Branding |

브랜드는 변형이 가능하다

여러 산업 중에서 스마트폰이 가장 주목받는 분야로
떠오른 것처럼 이제 브랜드 분야에서 가장 역동적인
변화가 예상되는 분야를 꼽으라면 단연 디지털에서
벌어지는 브랜딩이다. 디지털 브랜딩은 아주 작은 부분까지
역동적으로 변화할 것이고 그 효과는 가시적으로
뚜렷하게 나타날 것이다.

따라서 기업은 브랜드 요소를 다양한 시각 기법을 활용해
변형하면서 소비자와 상호작용하는 방법을 연구해야 한다.
단순하고 평면적인 아이덴티티를 벗어나 혁신적인 시도를
해야 소비자의 공감을 얻을 수 있다. 브랜드는 궁극적으로
단순히 기업을 대표하는 이미지가 아니라 소비자와 긴밀하게
커뮤니케이션을 할 수 있는 문화 매체로 성장해야 한다.

과거의 브랜드가 정적이었다면 변형^{Transformable}이 가능한
오늘날의 브랜드는 디지털의 속성과 부합하면서 소비자와
재미있는 상호작용이 가능해졌다. 이를 적극적으로
활용하는 브랜드는 시각적 아이덴티티도 심미적으로
아름다워야 하는 것은 물론 커뮤니케이션의 효율성까지
고려하는 전략이 필요하다.

사례 1
구글

STRATEGY 1.
상호작용을 통한 재미를 제공하라

STRATEGY 2.
최상의 기술을 보유하라

STRATEGY 3.
창의적 콘텐츠 활성화를 위해 교류하라

STRATEGY 4.
사용자에게 초점을 맞춰라

"
사용자에게 초점을 맞추면 나머지는 저절로
따라온다는 철학을 실현하기 위해 언제나
최상의 서비스와 최적의 경험을 제공하며,
사용자와 지속적인 상호작용을 통해 진화한다.
"

구글의 트랜스 브랜드 스토리

1998년에 설립된 이후 15년 만에 최고의 기업으로 자리 잡은 세계 1위의 검색 엔진, 구글^{Google}. 구글이 매일 10억 건 이상의 검색이 이루어지는 글로벌 사이트로 성장할 수 있었던 비결은 무엇일까?

구글의 가변적 아이덴티티는 브랜드의 독창성과 혁신성을 나타내면서 그 자체가 정체성이다. 대표적인 예로 구글의 로고는 브랜드 로고의 역할을 뛰어넘어 사용자와 상호작용을 시도하고 있다. 구글 사옥의 디자인도 빼놓을 수 없다. 개성 있고 자유로운 분위기의 구글 사옥은 벤치마킹 대상이며 구글의 혁신적인 기업문화가 건물 곳곳에 녹아 있다.

구글의 최대 강점이자 차별점은 사용자의 요구 사항을 잘 인식하고 필요한 것을 미리 계산해 최대한 충족시킨다는 것이다. 구글은 웹 문서 간 상호 관계를 분석해 이용자가 원하는 문서를 찾는 능력이 뛰어나다. 구글의 검색 엔진은 500가지 변수와 20억 개 용어가 있는 세밀한 공식을 사용해 객관적으로 웹 페이지 순위를 계산한다. 88개국의 언어로 검색 서비스를 제공하고 10억 개가 넘는 URL을 검토해 검색한 정보와 관련이 깊은 광고를 신속하게 노출하는 '맞춤형 배너 광고'는 가장 성공적인 영업 사례로 평가받는다. 또한 사업을 확장하면서 유튜브를 인수하고 모바일 운영체제인 안드로이드를 개발해 스마트폰 분야까지 진출했다.

구글의 경영 철학 1순위는 '사용자에게 초점을 맞추면 나머지는 저절로 따라온다'는 것이다. 모든 서비스는 사용자에게 초점을 맞추어서 최상의 경험을 제공하는 것이 설계 원칙이다. 구글은 이러한 사람 중심의 철학 아래 기발하고 창의적인 아이디어를 선보이며 전 세계를 사로잡고 있다.

STRATEGY 1.
상호작용을 통한 재미를 제공하라

구글의 홈페이지에는 방문객의 눈길을 사로잡는 것이 있다. 바로 특별한 날이면 그 모습을 바꾸는 구글의 로고 '두들'이다. 두들은 무언가 끼적대고 낙서하는 것을 의미하는 말로 크리스마스와 밸런타인데이처럼 세계인이 즐기는 날은 물론 어버이날을 비롯해 예술가의 탄생일처럼 기념할만한 날에 모습을 바꾸는 로고를 지칭한다.

최초의 두들이 탄생한 것은 1998년이다. 처음에는 지금과는 달리 무척 단순했다. 그러나 요즘 두들은 'Google'이란 글씨를 알아보기 어려울 정도로 복잡하고 다양해졌다. 지금껏 만들어진 두들은 어느덧 1,000개가 넘었고 모두 기발한 아이디어로 사용자의 호감을 얻었다. 2012년 런던올림픽 기간에는 종목별 특징을 살린 로고를 선보였는데, 간단한 조작법을 추가해 미니 게임까지 할 수 있었다.

구글은 자유로운 아이덴티티 변용을 통해 브랜드의 독창성과 혁신성을 보여 준다. 구글의 두들은 브랜드 로고의 역할을 사용자 경험 차원으로 넓혔고 사용자에게 재미를 주고 상호작용하는 매체로 발전했다.

STRATEGY 2.
최상의 기술을 보유하라

구글은 세계 검색 시장의 70퍼센트 이상을 점유하면서 검색 엔진의 강자로 군림하고 있다. 구글의 위대함은 검색을 '필요한 것을 찾는 행위'에서 '모든 생활의 일부분'으로 패러다임을 바꾸어 놓았다는 데 있다. 구글 검색의 핵심 기술은 '페이지랭크Pagerank'라는 알고리즘이다. 많이 링크된 정보에 우선순위를 매기는 독특한 방정식은 전 세계 검색 시장을 단기간에 통일하는 힘이 되었다.

현재의 검색 서비스는 키워드를 입력하면 웹 로봇이 그 키워드가 포함된 문서를 찾아 주는 방식이 주류를 이루고 있다. 그러나 키워드에 관한 단편적인 정보만을 나열하는 방식으로는 사용자가 만족하지 않는다. 사용자가 대상을 찾는 수고를 일부러 하지 않더라도 검색 엔진이 알아서 정보를 정리해 보여 주는 시대가 온 것이다. 구글은 오로지 '검색'에 집중해 구글만의 알고리즘으로 검색 속도, 시각적 편리성 등이 사용자에게 최적화된 환경을 디자인했다. 이렇게 구글은 최상의 기술을 통해 사용자와 더욱 긴밀하게 상호작용하고 있다.

STRATEGY 3.
창의적인 콘텐츠 활성화를 위해 교류하라

구글은 2006년 최대 온라인 비디오 사이트인 유튜브를 인수했다. 그 당시에 유튜브는 일방적인 콘텐츠 제공을 넘어 사용자가 직접 콘텐츠를 제작하는 창의적인 공간으로 발전을 시도하고 있었다. 그 결과 유튜브는 특정 인물이나 서비스 홍보도 가능하지만 다수의 사용자가 콘텐츠를 만들고 서로 교류할 수 있는 공간이 되었다. 자연스럽게 구글은 유튜브를 통해 소비자와 협력하며 콘텐츠를 만들고 교류할 수 있는 발판을 마련했다.

구글이 2007년에 인수한 파노라미오^{Panoramio}는 구글어스와 구글맵을 이용한 위치 기반 사진 서비스다. 사용자가 직접 촬영한 특정 지역의 사진을 업로드하면 구글맵에 연동되며 그 지역의 풍경을 살펴보고 싶은 사람이라면 누구든지 열람할 수 있다. 주로 사용자 자신이 사는 지역이나 여행 중 인상에 남았던 지역의 풍경을 업로드하는데 이러한 사진 정보가 축적되어 더 많은 정보를 제공할 수 있게 되었고 동시에 구글어스와 구글맵의 서비스 품질 역시 개선할 수 있었다. 구글의 파노라미오 인수는 사용자가 직접 서비스를 개선할 수 있는 기반을 만든 것에 의의가 있다. 더 나아가 생산자와 사용자 간 양방향 교류를 확대하는 데 큰 역할을 할 것이라 기대된다.

STRATEGY 4.
사용자에게 초점을 맞춰라

구글은 모든 서비스를 사용자에게 최상의 서비스와 최적의 경험을 제공하는 것을 목표로 설계한다. 사용자가 원하는 정보를 최대한 쉽게 찾고 필요한 작업을 간편하게 완료하도록 돕는 것이다. 검색을 비롯한 다양한 서비스를 제공하면서 사용자가 구글을 통해 편리함을 경험할 수 있도록 만든다.

대표적인 예가 구글의 크롬이다. 크롬은 사용자가 웹 서비스를 스마트폰, 태블릿 PC 등 다양한 디바이스 환경에서도 일관성 있게 경험할 수 있도록 설계했다. 크롬은 속도가 빠르다는 점도 사용자의 호감을 샀지만 단순한 디자인과 웹 사용 중 발생하는 여러 오류에도 안정적으로 운영되는 프로세스로 사용자의 관심을 끌었다. 여러 개의 창이 별도 프로세스로 운영되기 때문에 하나의 창에서 오류가 발생한다 해도 나머지 창은 안전하게 운영되어 전체 브라우저를 새로 시작할 필요가 없다.

게다가 크롬을 통해 구글 계정으로 로그인하면 사용하고 있는 기계와 상관없이 같은 서비스를 이용할 수 있다. 심지어 컴퓨터를 잃어버린다 해도 크롬을 통해 로그인을 한다면 모든 설정과 데이터를 사용할 수 있다. 이러한 사용자 중심의 서비스 개발로 크롬은 웹 브라우저 가운데 점유율이 현재 가장 높다. 구글의 사용자 중심의 철학이 시장에서 증명된 것이다.

| 구글의 2F 전략 |

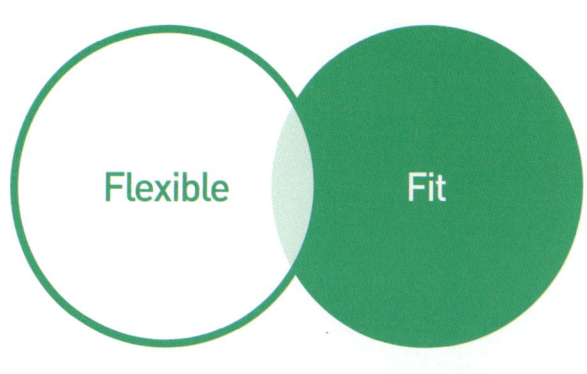

독자적인 기술로
고객에게 편의 제공

두들과 사옥으로 기업의
정체성과 브랜드 표현

뚜렷한 철학으로 고객과
직원을 위한 서비스 제공

신기술을 꾸준히 개발해
진화의 발판으로 활용

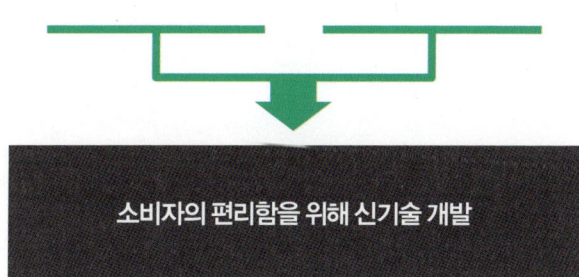

사례 2
유니클로

STRATEGY 1.
마케팅 방법에도 화제성을 부여하라

STRATEGY 2.
과감한 콜라보레이션으로 승부하라

STRATEGY 3.
공간의 한계를 넘어서라

> "
> 옷에 대한 끊임없는 가능성을 제시하여
> 세계인에게 새로운 즐거움과 아름다움을
> 선물하는 유니클로는 옷을 바꾸고,
> 상식을 바꾸고, 세상을 바꿔 나간다.
> "

유니클로의 트랜스 브랜드 스토리

캐주얼 의류 브랜드 유니클로^{UNIQLO}는 일본을 넘어서 전 세계인의 옷장을 점령하며 반세기에 가까운 시간 동안 지속적으로 성장하고 있다. 유니클로의 브랜드 아이덴티티는 붉은색과 흰색을 사용한 단정한 이미지로 전 세계 모든 매장은 물론 쇼핑백과 각종 포스터에 일괄적으로 적용되어 있다.

그러나 유니클로의 정체성을 분명하게 해 주는 것은 이러한 시각적 아이덴티티가 아니다. 여타의 의류 브랜드는 차별화된 디자인으로 소비자의 욕구를 충족시키기 위해 노력하지만 유니클로는 개성이 강한 디자인보다는 무난한 디자인의 옷을 다양한 색상과 사이즈로 선보이며 대중에게 다가간다. 여기에 합리적인 가격까지 더해져 소비자는 유니클로를 다른 의류 브랜드보다 친근하게 느끼고 있다.

물론 유니클로에도 차별화 전략이 존재한다. 빠르게 변화하는 환경 속에서도 혁신을 두려워하지 않는 도전

정신이다. 유니클로는 타 분야와 융합하고 신제품을
끊임없이 개발하면서 기존 의류 산업의 전형적인 틀을
깨고 있다. 상품 기획부터 생산과 판매까지 모든 과정을
내부에서 관리하며 전 세계 매장을 한 치의 오차도
허용하지 않는 매뉴얼을 공유하면서 경영 철학을
굳건하게 만들고 있다. 이러한 노력으로 유니클로는
SPA 브랜드임에도 불구하고 소비자의 기억 속에
건강한 이미지를 대표하는 의류 기업으로 남게 되었다.
또한 유니클로는 미디어를 통해 고객과 소통하면서
젊은 감성을 이해하려는 노력도 하고 있다.

유니클로는 옷을 단순한 상품이 아니라 라이프
스타일을 대표하는 수단으로 접근하고 있다. 옷으로
세상을 바꾸겠다는 의지의 표현이다. 옷에 대한 끊임
없는 가능성을 제시하면서 대중에게 새로운 즐거움과
아름다움을 선물하는 혁신적인 의류 브랜드, 유니클로.
유니클로가 지금까지 진행한 프로젝트와 앞으로의
활약을 주목해야 하는 이유는 충분하다.

STRATEGY 1.
마케팅 방법에도 화제성을 부여하라

사람들이 물건을 사기 위해 점포 앞에서 줄을 서는 풍경을
온라인에서 재현할 수 있을까? 호기심에서 시작된 이
유쾌한 발상은 '유니클로 럭키라인'이라는 이름으로 실행에
옮겨졌다. 온라인에서 사람들의 참여를 유도하기 위해서
추첨을 통해 선물을 준다는 조건을 제시했지만 실제로
프로모션에 참여한 사람들은 선물보다는 줄을 서기 위해
캐릭터를 고르는 행위 자체에 열광했다. 국가별로 각기
다른 배경을 제공하고 계절의 변화마저 느낄 수 있는
디자인이 더해지자 큰 반향이 일었고 온라인에서 줄을
서고 있는 모습을 SNS에 게시할 수 있도록 하자 추가적인
홍보 효과까지 발생했다. 총 220만 명 이상이 참여하는
기록을 남겼으며 특히 일본에서는 하루에 100억 엔 이상의
수익을 내기도 했다. 유니클로의 독특한 발상과 실행력은
칸국제광고제에서 사이버 부문 금상을 받는 결과로
이어졌다.

온라인에서 프로모션을 시도하는 브랜드는 유니클로를
제외하고도 많이 존재한다. 그러나 현실 세계의 경험을
온라인에 재현하면서 기존의 프로모션과 차별화를
꾀했다는 점에서 유니클로 럭키라인은 주목할 만하다.
화려한 디지털 기술과 경품이 중심이 된 온라인 프로모션이

일본에서 진행된
유니클로 럭키라인

타이완에서 진행된
유니클로 럭키라인

CHAPTER 4 | 트랜스 브랜딩 사례

아니라 상품 기획부터 매장 관리까지 철저하게 관리하는 유니클로의 철학이 온라인에서도 고스란히 적용되었기 때문이다.

'유니클락 프로젝트'는 유니클로 제품을 입고 춤을 추는 20대 여성이 나오는 스크린 세이버와 블로그 위젯을 배포하는 프로젝트였다. 소비자에게 직접 브랜드를

일본에서 배포된
유니클락

노출하는 광고가 아니라 계절이나 시간에 맞게 유니클로 제품을 입은 모델이 나와 무표정으로 춤을 추는 영상을 끊임없이 보여 주는 것이 유니클락의 전부였다. 유니클락을 실행했을 때 5초마다 화면 전환이 이루어지는데 그때마다 모델의 옷이 달라졌다. 이 영상은 네티즌 사이에서 폭발적인 인기를 끌었고, 자발적으로 유니클락을 자신의 블로그에 설치했다. 유니클락에 노출된 모든 상품은 매장에서 실제 구입할 수 있었기 때문에 매출 효과도 상당했다. 유니클로의 마케팅은 소비자에게 새로운 흥미를 제공한 만큼 여러 광고제에서도 호평을 받았다. 이렇듯 유니클로는 창의적인 마케팅 활동이 그 자체로 공감과 스토리를 만들 수 있다는 진화된 마케팅 모델을 보여 주었다.

유니클로는 여름을 맞아 드라이메쉬^{Dry Mesh} 제품을 홍보할 때 이미지 중심 SNS 미디어 핀터레스트^{Pinterest}를 이용했다. 핀터레스트의 서비스는 스크롤바를 내리면서 이미지를 열람하는 것이 핵심이다. 유니클로는 이를 이용하여 세로로 긴 이미지를 제작하고 100여 개의 핀터레스트 계정을 이용해 동시에 업로드했다. 사용자가 스크롤바를 내리면 자연스럽게 애니메이션 효과가 나타났다. 유니클로는 스크롤바에 따른 화면의 움직임과 사용자 시선의 움직임을 계산했고 그 결과 실제 애니메이션이 아님에도 불구하고 움직이는 이미지처럼 인식되는 시각적 효과를 만들었다.

드라이메쉬
세탁 후에 금방 마르고 땀을 흘려도 빠르게 흡수되는 특수 의류 소재를 말한다.

핀터레스트
사용자가 자신의 관심사를 이미지로 게시하고 다른 사람이 업로드한 이미지와 비교하며 공유하는 것이 주요 서비스 내용이다.

핀터레스트를 이용한
유니클로의 드라이메쉬
제품 홍보

이렇게 미디어와 사용자의 특성을 분석해 색다른 재미를 만들면서 고객과 항상 신선한 방법으로 소통하는 모습이 유니클로가 주목받는 이유다.

STRATEGY 2.
과감한 콜라보레이션으로 승부하라

유니클로는 도쿄와 뉴욕에서 상품 기획과 디자인을 진행하고 제품의 90퍼센트 이상은 중국에서 생산하는 글로벌 기업이다. 유니클로가 글로벌 브랜드로 성장할 수 있었던 것은 대중의 눈높이를 파악한 디자인 전략이 뒷받침되었기 때문이다. 그러나 유니클로도 경기 침체와 경영 전략 실패로 어려움을 겪었던 때가 있었다. 이를 돌파하기 위해 유니클로는 과감한 콜라보레이션을 실행했다.

유니클로는 2005년부터 그래픽 디자이너인 사토 가시와^{Kashiva Sato}와 콜라보레이션을 진행해 브랜드의 아이덴티티를 재정비했다. 로고부터 쇼핑백 디자인까지 유니클로와 관계된 모든 그래픽 작업을 사토 가시와가 진두지휘하면서 침체되어 있는 브랜드에 활기를 불어넣었다. 특히 유니클로가 미국 시장에 진출하면서 매장을 오픈할 때 글로벌 브랜드라면 으레 개발하는 영어 로고를 포기하고 일본의 문자인 가타카나를 기하학적 형태로 발전시킨 로고를 도입한 것은 고정관념을 깨는 혁신이라는 평가를 받았다.

유니클로 매장을 편의점처럼 새롭게 디자인했던 시도도

사토 가시와
스스로를 비주얼 닥터라고 정의하는 디자이너다. 광고 디자인은 물론 종합 브랜드 아이덴티티 구축까지 영역을 넓히고 있으며 일본을 대표하는 디자이너 중 한 사람으로 꼽히고 있다.

패트 용기에 넣어 주는
UT 티셔츠

사토 가시와의 아이디어였다. 유니클로의 제품 중에서 티셔츠를 전문적으로 판매하는 매장인 UT 스토어를 개장할 때 다른 매장과 차별점을 두기 위해 '미래의 티셔츠 편의점'이라는 콘셉트를 만들었고 빨간색과 흰색, 은색을 사용하며 매장의 외관을 디자인하고 내부 인테리어 역시 독특한 아이디어로 채웠다. 편의점에서 볼 수 있는 음료 판매대를 그대로 가져와 티셔츠를 패트 용기에 넣어서 진열했다. 그 자체로 이색적인 느낌을 준 것은 물론 진열된 상태가 곧 포장이 완료된 상태였기 때문에 점원들의 수고도 덜 수 있었다. 하라주쿠에 처음 모습을 드러낸 UT 스토어는 관광 명소로 소문이 나기 시작했고 이곳을 찾은 외국인 방문객은 UT 스토어를 나설 때 기념품처럼 유니클로 티셔츠를 구입했다.

유니클로는 디자인 분야에서도 콜라보레이션을 시도했다.

질 샌더와 협업한 플러스 제이 프로젝트

패션 디자이너 '질 샌더Jil Sander'와 공동으로 작업한 '플러스 제이 프로젝트'가 대표적이다. 절제된 디테일과 모노톤 색상으로 미니멀리즘 패션을 대변하던 질 샌더와 대량 생산과 높은 품질이라는 강점을 가진 유니클로의 콜라보레이션은 누구나 즐길 수 있는 합리적 가격과 고급스러운 스타일이 결합한 경쟁력 있는 상품을 만들었다. 플러스 제이 프로젝트를 통해 유니클로 제품은 가격과 질은 좋지만 스타일이 평범하다는 선입견을 극복할 수 있었다.

이제는 시장의 패러다임이 너무도 빠르게 변화하고 있기 때문에 뛰어난 능력을 갖춘 파트너를 찾아 협업하는 것이 중요해진 시대다. 유니클로는 다양한 분야의 디자이너와 협업을 통해 변화를 시도하며 시장을 점령했다. 이 때문에 저렴한 가격, 좋은 품질에 보태어 더 좋은 디자인으로 고객을 사로잡을 수 있었다.

> **질 샌더**
> 불필요한 요소를 제거하고 미니멀한 디자인으로 사랑받는 디자이너다. 자신의 이름을 내건 브랜드를 보유하고 있을 만큼 패션 분야에서 인지도가 높다

STRATEGY 3.
공간의 한계를 넘어서라

유니클로의 혁신은 옷 자체에만 있는 것이 아니다. 온라인 광고와 콜라보레이션도 혁신적이었다. 특히 공간을 활용하는 브랜딩 활동은 팝업 스토어 운영에서 많은 성과를 냈다. 유니클로가 세계 진출을 시도했던 초창기에 부족한 인지도를 극복하기 위해 생각해 낸 것은 '강렬한 콘셉트가 있는 매장'이었다.

대표적인 예가 뉴욕에서 활동하는 건축 스튜디오 로텍$^{LOT-EK}$이 디자인한 유니클로의 팝업 스토어였다. 로텍이 만든

UT POP–UP!
TYO 매장

팝업 스토어는 '지금 막 일본에서 도착한 신생 브랜드'라는 이미지를 뉴요커에게 효과적으로 심어 주었다. 이 매장은 이후 유니클로를 비롯한 다른 브랜드에서 팝업 스토어를 제작할 때 참고하는 좋은 본보기가 됐다.

유니클로는 팝업 스토어를 운영하며 생긴 노하우를 미디어와 결합시키는 노력도 게을리하지 않았다. 폐쇄가 예정된 시부야 역사를 한 달 동안 팝업 스토어로 활용했던 'UT POP-UP! TYO 프로젝트'는 역사는 물론 철로까지 활용했다는 점에서 시선을 끌기에 충분했지만 여기에 그치지 않고 자체 개발한 카메라 앱을 사람들이 활용할 수 있도록 체험 부스를 설치해 더 화제가 되었다. 앱을 사용해

UT 카메라 앱 자료 사진

사진을 찍으면 유니클로 광고 속에 삽입되어 스크린에 즉시 상영되었다.

해외 진출 10여 년 만에 글로벌 브랜드로 성장한 유니클로. 성공 신화라고 부를 수 있는 유니클로의 행보에 실패가 없었던 것은 아니다. 그때마다 유니클로는 새로운 돌파구로 마케팅을 택했고 과감한 시도로 대중에게 언제나 즐겁고 신선한 경험을 제공하면서 현실 공간과 온라인 공간을 능수능란하게 넘나들고 있다.

| 유니클로의 2F 전략 |

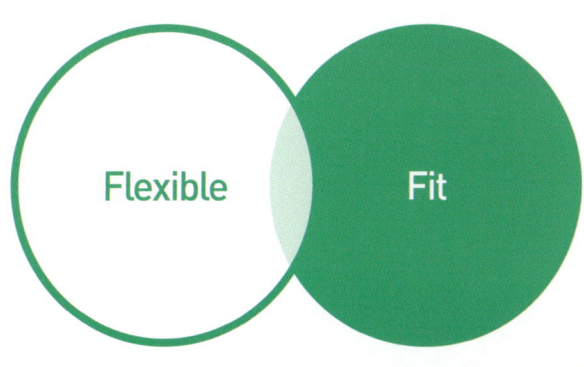

대중적인 디자인에
다양한 색깔과 사이즈
제작

타 분야와의 협업으로
고객과 활발하게 소통

공간을 과감하게
사용하며 미디어와 융합

실패를 도전으로
대처하는 철학

기획부터 판매까지
전 과정을 철저히 관리

시각적 일관성을
전 세계 매장에 적용

브랜딩 마케팅도 진화해야 한다

사례 3
캠퍼

STRATEGY 1.
창의적인 공간으로 대중에게 다가가라

STRATEGY 2.
스토리텔링을 중시하라

STRATEGY 3.
환경을 생각해야 한다

> "
> 변화하는 시장에서 놓치기 쉬운 자연의 가치와
> 느림의 미학을 지켜가면서, 새로운 스타일과
> 콘셉트로 모험적인 활동을 하며 진화한다.
> "

캠퍼의 트랜스 브랜드 스토리

편안한 착용감과 세련된 디자인, 친환경 소재 사용으로 세계적인 인기를 얻고 있는 스페인의 신발 브랜드 캠퍼는 130년이 넘는 전통을 이어오고 있다. 캠퍼는 다른 신발 브랜드와 차별화된 모험적인 브랜드 활동을 전개한다.

캠퍼는 제품에 캠퍼만의 브랜드 철학을 녹여내기 위해 전혀 관계가 없어 보이는 레스토랑 사업에 뛰어들어 문화 공간 창출에도 힘쓰고 있으며 호텔 사업에도 진출해 브랜딩 활동을 다각도로 펼치고 있다. 캠퍼는 실험적인 마케팅 활동을 하면서도 스토리텔링을 거친 브랜드 철학을 마케팅에 적용하며 사람들을 매료시키고 있다.

캠퍼라는 단어는 스페인의 마요르카 섬 언어로 '농부'라는 뜻이다. 신발이라면 모름지기 편해야 하며 자연과 조화를 이루어야 한다는 철학이 브랜드 이름에도 반영된 것이다. 자연을 생각하고 편안함을 강조하는 캠퍼의 철학은 21세기에 새롭게 대두한 느림과 웰빙 미학에 닿아 있다. 시장의 변화와 맞물려 세계적으로 주목을 받고 있는 상황 속에서도 브랜드 본연의 가치를 잊지 않고 지키면서 진화해 가는 캠퍼의 브랜딩 활동은 한 번도 캠퍼의 신발을 착용해 보지 않은 사람마저도 사로잡을 수 있을 만큼 매력적이다.

STRATEGY 1.
창의적인 공간으로 대중에게 다가가라

캠퍼 '푸드볼'은 바르셀로나 중심에 위치한 독특한
레스토랑이다. 캠퍼는 푸드볼을 방문하는 고객에게
젊고 감각적인 문화를 전달하는 동시에 브랜드 이미지를
경험하도록 했다. 안과 밖의 경계를 철저히 파괴하고,
테이블과 의자도 없애버린 실내 공간은 마치 광장에 온 것
같은 느낌을 준다. 방석만 깔린 공간을 가득 메운 자유로운
인테리어와 낙서 같은 일러스트레이션이 인상적이다. 모두
유기농 재료를 이용한 건강식이며 캠퍼의 친환경적 기업
철학처럼 소박하고 간편한 음식이 주메뉴다. 이곳에서
자유롭게 TV를 보거나 사람들과 이야기를 나누면서
식사할 수 있다. 푸드볼의 인테리어 디자인을 담당한
마르티 귀세Marti Guixe는 캠퍼만의 자유로운 유목민 콘셉트를
공간 전반에 녹였다.

마르티 귀세
스페인 출신의 디자이너다. 캠퍼 푸드볼의 디자인을 담당했으며 현재는 푸드 스타일리스트로 활동하고 있다.

신발을 신고 상상할 수 있는 모든 곳을 걸어가자는 캠퍼의
신조가 호텔을 만나서 탄생한 공간이 '카사 캠퍼'다. 캠퍼의
자연주의 철학과 맞물려 친환경을 지향하며 격식을 차리지
않는 편안함이 특징이다. 호텔에 들어서는 순간 투숙객을
놀라게 하는 것은 천장에 매달아 둔 자전거다. 이 자전거는
캠퍼가 독자적으로 디자인한 제품으로 투숙객 전원에게
무료로 대여해 준다. 그리고 투숙객에게 자전거를 타고

카사 캄퍼의 내부

시내 관광을 하도록 권장한다. 카사 캠퍼의 탄생 배경에는 재미있는 일화가 있다. 카사 캠퍼의 책임자와 디자이너가 모여서 기존 호텔에서 불만이었던 점을 정리하고 해당 사항을 제거하는 방식으로 호텔을 디자인했다고 한다. 그 결과 카사 캠퍼에는 로비와 미니 바가 없으며 거실과 침실 사이에 복도를 두고 완벽하게 공간을 분리했다. 심지어 열쇠도 따로 만들어 체크인할 때 투숙객은 2개의 열쇠를 받게 된다. 카사 캠퍼는 바르셀로나와 베를린에 각각 개점한 이후 고유의 철학과 독특한 디자인으로 젊은 층을 중심으로 호평을 받고 있다.

카사 캠퍼와 푸드볼은 캠퍼라는 브랜드를 총체적으로 경험하는 창의적인 공간이다. 그 공간 속에서 사람들은 자연스럽게 캠퍼의 철학을 체험한다. 브랜드를 창의적으로 재해석한 공간 속에서 캠퍼라는 브랜드가 지향하는 라이프 스타일을 자연스럽게 습득하도록 유도하면서 대중에게 다가가는 것이다.

STRATEGY 2.
스토리텔링을 중시하라

캠퍼는 'Imagination Walks'라는 캠페인을 진행했다. '상상하는 만큼 걸어라'라는 뜻을 품고 있는 이 캠페인은 캠퍼의 신발 상자가 세계를 보는 하나의 창문이자 상상할 수 있는 모든 가치를 연결하는 통로가 될 수 있다는 브랜드 스토리텔링을 알리고자 했다. 신발이 아니라 신발을 담고 있는 상자를 중심으로 했다는 점도 흥미롭지만 신발 상자를 둘러싼 캠퍼의 상상력이 젊은 층에게 큰 호응을 얻었다. 이러한 스토리텔링 마케팅을 바탕으로 캠퍼는 창의적인 기업 이미지를 보여 주었고 누구나 캠퍼의 신발을 신는다면 상상하는 어느 곳으로든 갈 수 있을 것 같다는 판타지를 심어 주었다.

캠퍼의 대표적인 스토리텔링 캠페인인 Imagination Walks

캠퍼의 스토리텔링은 스마트폰 앱에도 적용되었다. 캠퍼가 만든 신개념 일기예보 앱인 'Have A Camper Day'는 하루를 시작하는 아침에 가장 먼저 확인하는 것이 일기예보이고 그 일기예보에 따라 신발의 선택도 달라질 수 있다는 착안에서 출발했다. 신발 제작에 사용되는 각종 재료를 이용해 맑음, 흐림, 안개와 같은 날씨 정보를 재미있게 보여 준다. 기존에 있던 일기예보 앱은 정보 전달에만 초점을 맞추어서 사용자가 수동적으로 정보를 습득하는 것 외에는 다른 기능이 없었지만 사용자의 감성을 자극하는 아이디어로 'Have A Camper Day'는 캠퍼와 소비자를 연결하는 감성적인 콘텐츠로 자리 잡았다. 이 앱은 단순히 홍보를 위해 제작한 것이 아니라 관계가 없는 것에서도 관계성을 만들어 내는 캠퍼만의 스토리텔링이 실현된 것이다.

이렇듯 캠퍼는 확실한 브랜드 철학과 메시지를 토대로 창의적이고 다양한 모습으로 변화와 발전을 추구한다. 캠퍼의 젊고 역동적인 브랜드 이미지와 끊임없이 진화하는 모습에 소비자는 꾸준히 관심을 보이고 있다.

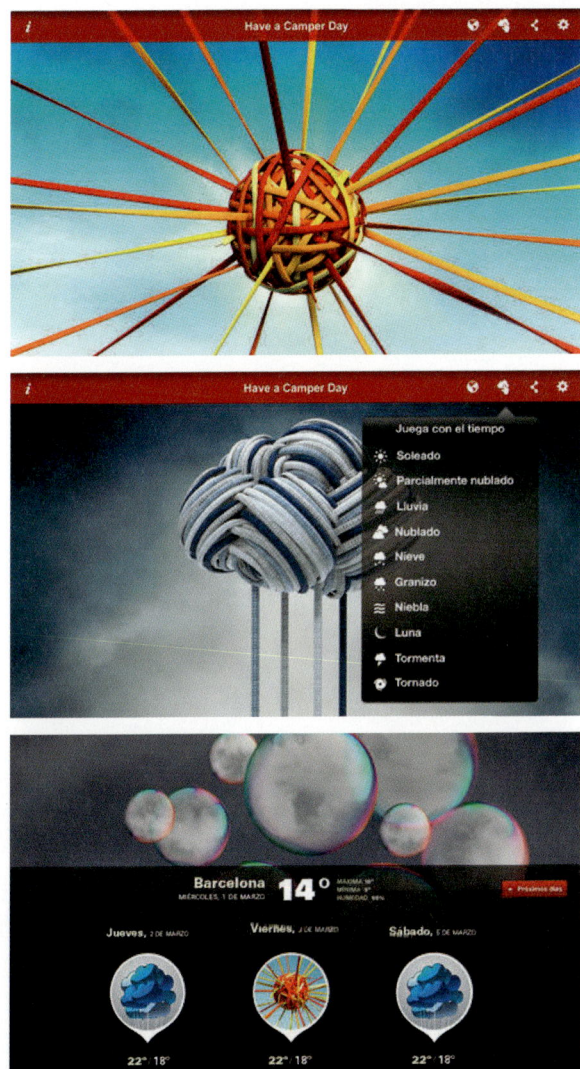

신발의 소재를 활용한
캠퍼의 일기예보 앱

CHAPTER 4 | 트랜스 브랜딩 사례 239

STRATEGY 3.
환경을 생각해야 한다

캠퍼는 느림의 미학과 웰빙의 가치 외에도 '환경'을 중시하는 제품 개발 및 마케팅에 적극적으로 투자한다. 환경에 유해한 요소는 최대한 배제하고, 소재를 재활용하는 방법을 끊임없이 고민하면서 브랜드의 또 다른 아이덴티티를 창조하고 있다. 캠퍼의 최초 모델이었던 카멜레온은 타이어와 캔버스 천을 재활용해 제작했고 심지어 신문지로 포장해 판매했다.

캠퍼의 또 다른 모델 와비는 '사과하다'라는 뜻의 일본어 '와비루詫びる'에서 유래한 이름으로 자연에 대한 감사와 존경 그리고 미안한 마음을 내포한 의미 있는 제품이다. 캠퍼는 이러한 철학을 단순하면서도 순수하게 재해석했다. 대부분의 사람이 도시에서 살고 많은 시간을 실내에서 보낸다는 것을 고려해 실내화를 만들었다. 이 실내화는 집, 사무실, 부엌에서 신을 수 있는 소박하지만 자연 친화적인 소재로 개발된 신발이었다.

캠퍼 기업 철학을 온몸으로 보여 주고 있는 와비는 신발을 구성하는 최소한의 요소를 사용해 만들었으며 재활용하기 쉽도록 가죽을 전혀 사용하지 않았다. 코코넛과 면과 양모로 만들어 친환경적이고 모든 재료가 재활용이 가능한

자연을 실내로
끌어들이고자 했던 신발,
와비

것은 물론 분해도 가능하다. 와비의 성공은 친환경적
신발에 대한 대중의 관심과 세련된 디자인이 시너지 효과를
발휘한 결과다.

환경을 생각하는 것은 캠퍼를 포함한 모든 기업의 의무다. 캠퍼는 창립 당시부터 환경을 생각하며 제품을 제작해왔다. 친환경적인 면모를 강조하는 브랜드는 자칫 지나치게 묵직한 메시지를 전달하거나 교육적인 방향으로 마케팅과 브랜딩의 초점이 맞춰질 수 있는데 캠퍼는 이러한 우를 범하지 않는다. 세련된 감각과 스토리텔링으로 환경을 생각한다는 기업의 철학을 무겁지 않게 전달하고 있는 것이다.

| 캠퍼의 2F 전략 |

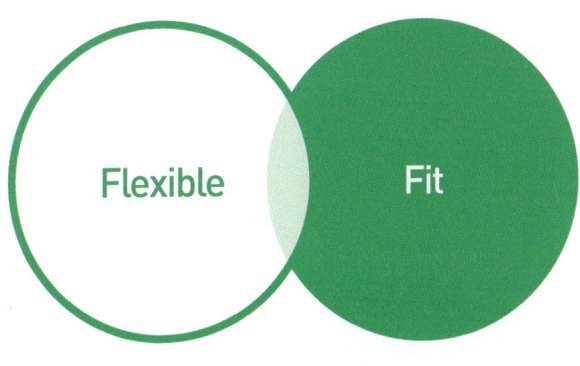

뚜렷한 기업 철학으로
차별화된 사업 확장

공간을 통해 자연스럽게
기업의 문화를 전파

다양한 미디어에 브랜드
철학을 반영

자연의 가치를 새로운
라이프 스타일로 표현

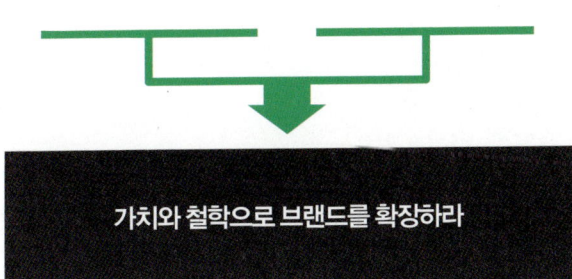

가치와 철학으로 브랜드를 확장하라

CHAPTER 4 | 트랜스 브랜딩 사례

04
초월적인 매력으로 차별화하라

사례 1 | 이케아
사례 2 | 레고

| Transcendent Branding |

브랜드는 초월적이다

미디어가 발전하면서 지속해서 새로운 미디어가 등장하고 있다. 그럴수록 미디어는 세분되어 소비자의 수요를 충족시키기 위해서 시장을 좇는 것이 아니라 선도할 수 있는 매력 포인트를 제시하면서 미디어를 통해 소비자에게 강한 인상을 심어 주어야 한다.

몇 해 전 싸이의 '강남 스타일'이 전 세계적인 이슈가 될 수 있었던 것은 유튜브라는 새로운 미디어의 출현과 색다른 콘텐츠에 목말라 있던 수요의 접점에 있었기 때문이다. 독특한 유머와 차별화된 콘텐츠, 유튜브라는 미디어의 활용이 없었다면 '강남 스타일'은 지금과 같은 행보를 보이지 못했을 것이다. 브랜드는 이처럼 새로운 시장을 초월^{Transcendent}하는 노력과 시선을 사로잡을 수 있는 콘텐츠를 만들어내는 힘이 있어야 한다. 이색적인 융합과 창의적인 홍보 전략을 통해 브랜드만의 강점을 살리고 이를 아날로그 미디어와 디지털 미디어를 융합한 형태로 표현한다면 더욱 강력한 브랜드 이미지를 구축할 수 있을 것이다.

사례 1
이케아

STRATEGY 1.
아날로그와 디지털을 연결하라

STRATEGY 2.
소비자의 삶으로 침투하라

STRATEGY 3.
즐거움으로 소비 욕구를 자극하라

STRATEGY 4.
디자인은 브랜드 정체성이다

> 고객의 감성을 자극하고 적극적으로 소통해 일반적인 가구의 개념을 바꿔 가구를 자기표현 수단이 되게 했으며 새로운 라이프 스타일 문화를 제공한다.

이케아의 트랜스 브랜드 스토리

스웨덴에서 탄생한 가구 회사 이케아^{IKEA}. 70년이란 세월 동안 글로벌 브랜드로 자리매김해 매일 150만 명, 한 해 동안 5억 8,000만 명의 고객이 이케아를 찾는다. 이케아가 전 세계적으로 사랑받는 가구 브랜드가 된 이유는 무엇일까?

이케아는 과거 제조사가 공급을 중단했던 위기를 기회로 삼아서 제작과 디자인을 병행하며 세계적인 브랜드로 성장할 수 있었다. 생산 단가와 유통 구조, 운영 비용을 대폭 줄이며 합리적인 가격과 디자인으로 매일 더 나은 삶을 창조하겠다는 기업의 비전을 완성할 수 있었다. 특히 조립형 가구를 만든 것은 획기적인 아이디어였고 이케아뿐만 아니라 디자인 분야 전반에 걸쳐 영향을 주었다.

또한 이케아는 카탈로그를 가장 중요한 마케팅 수단으로 생각하고 있다. 시대의 변화에 따라 형태와 매체를 자유롭게 넘나들면서 증강현실을 활용하는 기술력까지 카탈로그에 투입하고 있다. 지금은 가구 매장이 상품을 진열하는 것이 당연한 일이지만 전시장에 가구를 배치하고자 했던 아이디어는 이케아에서 시작되었다. 소비자가 직접 상품의 질을 확인하고 체험해 보면서 현장에서 바로 주문할 수 있도록 한 것이다. 체험하면서 즐겁게 가구를 고르고 쉽게 주문할 수 있도록 한 것이 이케아의 핵심 전략 중 하나다.

이처럼 이케아는 좋은 디자인과 합리적인 가격, 소비자 중심의 다양한 서비스로 가구의 개념을 바꾸었고 더 나아가 새로운 라이프 스타일을 창조하고 있다.

STRATEGY 1.
아날로그와 디지털을 연결하라

이케아 카탈로그 속 사진은 단순한 제품 소개를 넘어 이상적인 삶의 모습을 보여 준다. 일찍부터 이케아는 새롭게 부상하는 미디어와 신기술을 이용해 카탈로그를 제작해 소비자와 상호작용했다. 카탈로그는 이케아 성공의 1등 공신이다. 초창기부터 지금까지 카탈로그는 이케아의 가장 중요한 마케팅 수단이었고 엄청난 홍보 효과를 가져왔다. 최근 이케아는 아날로그 카탈로그에서 벗어나 디지털 기술로 '증강현실 카탈로그'를 만들었다. 소비자가 증강현실 카탈로그를 실행하면 실제로 자신이 사는 공간에 가상의 이케아 제품을 직접 배치할 수 있도록 만들어 색다른 서비스를 시도했다.

이케아가 개발한
증강현실 카탈로그

이케아 매장은 1층에 물건을 진열하는 곳과 창고가 있고 2층에는 쇼룸이 있다. 쇼룸은 이케아 매장의 하이라이트다. 어린이 방에서부터 혼자 사는 싱글족의 원룸까지 다양한 쇼룸이 눈을 즐겁게 하는 것은 물론이고 소비자가 제품을 직접 사용해 볼 수 있는 체험 공간 역할도 하고 있다.

이케아는 아날로그 쇼룸의 특징을 온라인에 적용해 '페이스북 쇼룸 캠페인 Facebook Showroom Campaign'을 진행했다. 전략적인 체험 마케팅을 소비자의 SNS에 적용한 것이다. 이 캠페인은 스웨덴에 새로 오픈한 매장을 홍보하기 위해 진행했다. 약 2주간 12장의 쇼룸 사진을 페이스북에 업로드하고 각 제품의 사진에 소비자가 자신을 링크하면 해당 제품을 선물하는 프로모션이었다. 이케아의 페이스북 쇼룸 이벤트는 짧은 기간이었지만 폭발적인 SNS 확산에 힘입어 전 세계 수십만 명에게 노출될 수 있었다.

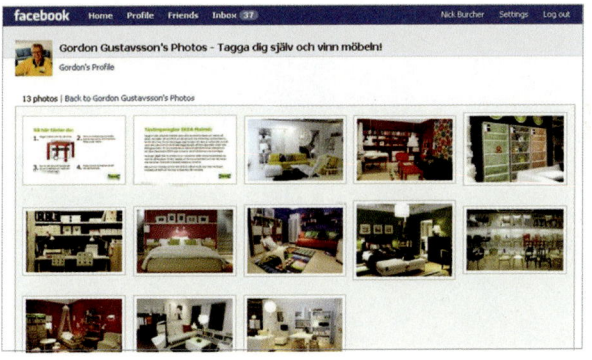

페이스북 쇼룸 캠페인

STRATEGY 2.
소비자의 삶으로 침투하라

이케아는 창의성이 돋보이는 체험 마케팅을 지속적으로 진행하고 있다. 매장이나 온라인에서도 채워지지 않은 소비자의 욕구를 해결하기 위해 이케아는 소비자의 삶 속으로 침투했다. 파리의 어느 버스 정류장에 딱딱한 의자를 치워 버리고 이케아 제품으로 마치 포근한 집처럼 꾸미는 시도를 했다. 또한 지하철 역사에 임시 주택을 제작해 이케아의 제품들로 꾸며 놓고 5명의 사람이 실제로 살아가는 모습을 보여 주기도 했다. 지하철에서 흔하게 볼 수 있는 일반적인 포스터가 아니라 이케아를 사용하는 사람들의 삶을 생생하게 보여 준 라이브 광고였다. 이를 통해 소비자는 강렬하게 브랜드를 인지하고 제품에 대한 직접적인 유혹을 느낄 수 있었다.

지하철 역사에 설치한 이케아 임시 주택

STRATEGY 3.
즐거움으로 소비 욕구를 자극하라

이케아 매장에는 즐거움이 있다. 이케아 제품을 체험하다 보면 오랜 시간 머무르게 되는데 긴 체류 시간과 복잡한 동선에도 불구하고 소비자는 끊임없이 제품에 대한 호기심을 잃지 않는다. 마치 누군가의 집을 구경하는 것 같은 기분과 집을 이처럼 꾸미고자 하는 욕구를 동시에

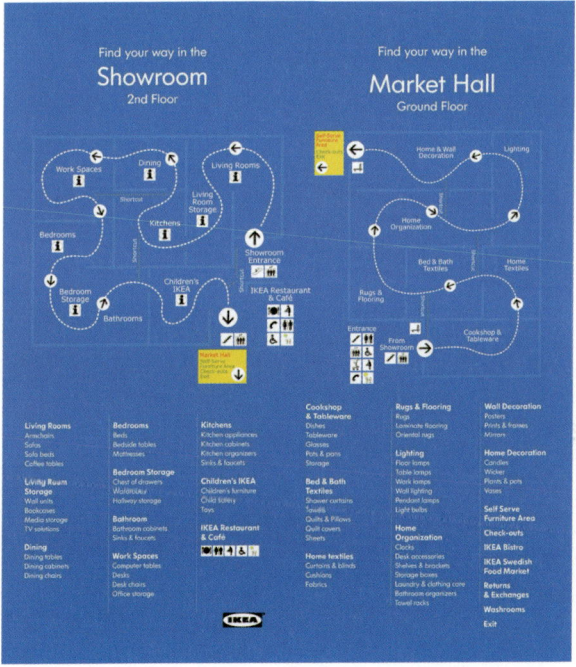

이케아의 미로 같은 소비자 동선

자극한다. 이케아의 제품은 합리적 가격으로 소비자가 유행에 따라서 가구를 모두 구매하더라도 심리적 장벽이 높지 않다. 그러나 매장의 구조를 미로처럼 복잡하게 설계했음에도 불구하고 소비자가 평균적으로 3시간 이상 매장을 둘러보게 만드는 힘은 저렴한 가격에만 있지 않다. 부모를 따라온 어린아이가 마음껏 놀 수 있는 장소와 넓은 매장을 관람하다 지친 사람들이 휴식을 취할 수 있는 레스토랑까지 매장 내에 모두 배치한 이케아의 노력에 더 주목해야 한다.

이케아를 방문하는 모든 사람이 새로운 가구를 보고 체험한다는 즐거움을 제공했다는 점이 이케아만의 브랜드 전략이다. 이러한 브랜드의 감성이 소비자에게 가구를 사는 것 이상의 즐거움이 이케아에 있다는 의미를 부여했다.

STRATEGY 4.
디자인은 브랜드 정체성이다

이케아가 유통과 운송 비용을 절감해 소비자에게 저렴한 가격으로 좋은 디자인 가구를 제공하는 것에 성공할 수 있었던 것은 디자인 철학에 대한 고집 덕분이었다. 좋은 디자인은 곧 브랜드의 정체성이다. 이케아의 디자인 정체성을 이루고 있는 것은 합리적이고 유쾌한 스웨덴 디자인이었다. 스웨덴 디자인은 대중성을 바탕으로 간결함, 기능성, 저렴한 가격 등에 중점을 둔다. 이케아는 스웨덴 전통 가구의 디자인을 현대적으로 재해석하는 데 성공했다. 모던하면서 밝고 유쾌한 분위기의 제품이 이케아의 특징이다. 이러한 유쾌함과 모험심, 실용성의 추구는 이케아의 브랜드 아이덴티티로 자리 잡았고 각종 프로모션과 제품 카탈로그 등 브랜드의 모든 부분에서 잘 드러나고 있다.

이케아 제품은 프리랜서 디자이너를 포함한 100명이 넘는 인원이 디자인에 참여한다. 공식 홈페이지에는 디자인 콘셉트 스토리와 디자이너에 대한 정보가 소개되어 있다. 소비자는 이를 통해 디자이너가 어떠한 의도로 제품을 만들었는지 알게 되어 구매한 제품에 대해 더 높은 가치와 만족감을 느낀다. 즉 제품을 구매하면서 '보이지 않는 가치'를 하나 더 사는 셈이다.

디자이너의 애정이 담긴
이케아의 제품들

이케아는 모든 제품에 이름을 붙인다. 이케아 내부에는 네이밍만 담당하는 팀도 별도로 존재한다. 제품 디자이너의 이름을 노출하기 때문에 이케아의 수많은 디자이너는 책임감을 갖고 뛰어난 디자인 제품을 만든다. 이처럼 이케아는 디자인 가치가 어디에서부터 시작되는지 잘 이해하고 있으며, 진심과 사랑을 효과적으로 디자인에 녹여내고 있다.

| 이케아의 2F 전략 |

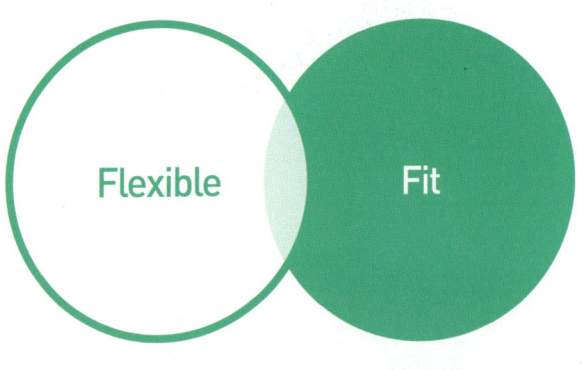

소비자의 취향에 맞는
체험 마케팅 진행

아날로그와 디지털을
결합해 새로운 접근 시도

가구에 대한 열정과
철학이 제품에 반영

좋은 품질과 저렴한 가격,
실용성이 디자인에 포함

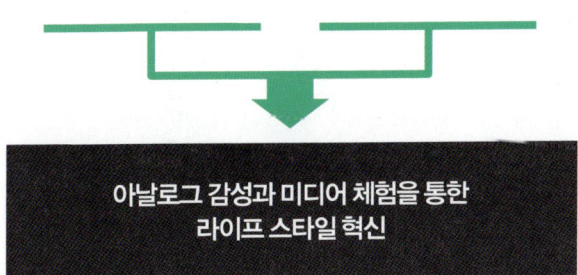

아날로그 감성과 미디어 체험을 통한
라이프 스타일 혁신

사례 2
레고

STRATEGY 1.
현실 속으로 뛰어들어라

STRATEGY 2.
복합적인 체험을 제공하라

STRATEGY 3.
다양한 분야와 융합해 세상과 만나라

> 장난감으로 창조적인 놀이를 할 수 있게
> 하는 것, 그리고 이를 통해 무한한 가능성을
> 실현하는 것이 레고의 경영 목표다.

레고의 트랜스 브랜드 스토리

오직 최고만이 최고다. 한 치의 오차도 허용하지 않고 완벽을 추구하는 기업 철학의 주인공은 바로 레고^{LEGO}다.

최상의 품질을 위해 생산 공정에서 1mm의 오차도 허용하지 않는 집념과 자존심이 곧 레고의 역사라 해도 과언이 아니다. 레고는 이제 단순한 장난감이 아니라 창조적인 활동의 도구이며 무한한 가능성을 실현하는 열쇠로 어린이뿐만 아니라 전 세대를 아우르며 80년이 넘는 긴 시간 동안 여전히 성장하고 있다.

레고 제품은 총 9억 가지가 넘는 형태를 만들 수 있을 만큼 다양하지만 그 속에 보편적인 규칙이 있다. 자유자재로 조립하며 놀 수 있는 장난감을 만들겠다는 창립 의도에서 벗어나지 않기 위해 디자인과 상품명이 다르더라도 자유롭게 호환할 수 있도록 만든 것이다. 새로운 상품으로 대체되는 것이 아니라 수집하고 언제나 활용할 수 있다는 것은 레고가 삶의 일부로 자리하는 데 가장 큰 영향을 미쳤다.

현재 레고는 120명이 넘는 디자이너가 소속되어 있다. 이들은 새로운 제품을 디자인하기 위해 노력하는 것은 물론 디지털 기술의 발전에 따라서 레고를 둘러싼 경험에 변화를 주기 위해 연구한다. MIT 미디어랩과 함께 움직이는 로봇 시리즈를 만들기도 했고 레고가 주요 소품으로 등장하는 영화도 제작되어 공개되었다.

이처럼 레고는 비디오 게임, 테마파크, 의류 등 셀 수 없이 많은 영역으로 사업이 확장되면서 앞으로도 새로운 놀이 문화를 만드는 리더의 자리를 굳건히 할 것이라 기대된다.

STRATEGY 1.
현실 속으로 뛰어들어라

'레고 해피 홀리데이 캠페인'^{LEGO Happy Holiday Campaign}은 크리스마스 시즌을 겨냥한 마케팅으로 공모전 형식으로 진행되었다. 공모전의 주제는 레고를 현실과 연결하는 것이었다. 거리와 책상, 주방 곳곳에 레고를 가져다 놓고 사진을 찍으면서 현실과 놀이의 경계를 자연스럽게 허물었다. 캠페인이 진행되는 동안 사람들은 레고를 가지고 다니면서 현실과 연결하기 위한 상상을 했고 그 결과물을 인터넷에 올렸다. 마케팅에 참여하는 사람은 대부분 어린이일 것이라는 예상을 깨고 남녀노소 모두가 참여해 오랫동안 레고를 사용하지 않았던 사람은 향수에 젖었으며 재미있는 아이디어는 인터넷을 통해 퍼졌다.

말레이시아에서도 재미있는 옥외광고가 진행되었다. 레고를 현실의 영역으로 끌고 왔다는 점에서 레고 해피 홀리데이 캠페인과도 맥락을 공유한다. '상상하라'라는 카피와 함께 버스 정류장에 있는 옥외광고를 레고로 꾸몄다. 정류장 주변을 레고로 재현하면서 도로 위를 헤엄치는 고래를 절묘하게 집어넣어 상상과 현실이 만나는 조합을 보여 주었다. 레고를 통해 상상할 수 있는 것을 현실에서 재현하며 경계를 허물었고 그 틈으로 레고에 대한 호감이 자리했다.

STRATEGY 2.
복합적인 체험을 제공하라

모든 것이 변화하는 세상 속에서 놀이도 예외일 수 없다. 레고는 이러한 흐름에 맞춰 '라이프 오브 조지Life of George'라는 프로모션을 진행했다. 아날로그 게임과 디지털 게임을 결합해 소비자에게 복합적인 체험을 제공하는 것이 목표였다. 이 프로모션은 실제 레고와 모바일 앱의 결합으로 탄생한 인터랙티브 게임이다. 앱을 다운받아 실행한 후 스크린에 나타나는 레고를 보면서 그대로 조립한다. 완성된 레고를 카메라로 촬영하면 앱에 내장된 시스템이 작업한 시간과 정확도를 측정해 점수를 매기고 순위를 공개했다. 레고는 디지털 기술과 아날로그를 결합한 복합적인 체험을 제공하며 소비자와 신선한 소통을 지속하려 한 것이다.

레고는 인터넷을 통한 소비자와의 소통에도 적극적이다. 특히 '디자인 바이 미Design by ME'라는 서비스는 소비자로부터 많은 호응을 얻은 서비스 중 하나였다. 고객이 인터넷에서 전용 소프트웨어를 내려받아 실제가 아닌 프로그램상에서 자유자재로 조립해 보고 마음에 드는 모델을 주문하면 실제로 조립된 제품이 집으로 배달되는 서비스였다. 아날로그에서만 가능했던 경험을 디지털과 결합하여 혼합적인 체험을 제공한 것인데 이용객이 점점 늘어나서

서비스를 업그레이드해 비즈니스 모델로 발전시키려고
시도하고 있다.

레고는 제품 기획 및 개발에도 고객의 아이디어를
적극적으로 수용하여 까다로운 고객의 요구와 기대를
충족시키고 있다. 고객이 레고가 제공한 컴퓨터
프로그램으로 자신의 작품을 조립해 인터넷에 공개하고
그 모델을 사고 싶다는 사람의 수가 일정 인원을 넘으면
실제 상품으로 출시하는 프로모션을 꾸준히 진행해 왔다.
온라인으로 수집된 고객의 노하우와 아이디어가 그대로
상품이 되면서 레고는 자연스럽게 진화하는 것은 물론이고
새로운 소비 경로를 만들어냈다는 점에서 주목할만하다.
이 과정에서 레고의 고객은 생산자이자 소비자가 될 수
있는 복합적인 체험을 했다는 점에서 브랜드에 대한 탄탄한
충성도를 쌓게 되었다고 볼 수 있다.

STRATEGY 3.
다양한 분야와 융합해 세상과 만나라

레고와 현대 미술이 만나 '레고아트^{LEGO ART}'라는 새로운
예술 장르가 탄생했다. '상상한 모든 것을 만들 수 있다'는
레고만의 창조성을 그대로 보여 주는 레고아트는 뉴욕을
근거지로 활동하는 작가와 작업하면서 대중에게 알려졌다.
레고 아티스트로 유명한 나단 사와야^{Nathan Sawaya}는 어렸을 때
가지고 놀았던 레고를 조립하며 새로운 작품을 개발했다.

나단 사와야는 우리에게 익숙한 직사각형의 레고를 완벽한
예술로 만들었다. 대표 작품으로는 인간의 감정을 표현한
작품, 유명인의 초상화, 파르테논 신전 등이 있다. 작품을
감상하다 보면 작가의 기발하면서도 독특한 감성에
놀라지만 레고가 예술가의 감성을 구현하는 데 부족함이
없었다는 사실에 탄성이 절로 나온다. 레고의 정체성인
즐거움과 아티스트의 창의성이 만나 놀라운 결과물을
만들어낸 것이다. 이로써 사람들은 새로운 방법으로
레고의 브랜드 가치를 느끼고 공감할 수 있게 되었다.

레고는 패션 분야에도 진출해 세상과 조우했다. 샤넬과
협업해 가방을 출시했고 레고를 이용한 쥬얼리 상품도
각광받고 있다. 레고는 패션 분야와 융합하면서 성인
여성이라는 새로운 마니아층을 확보했다. 이 레고로 만든

액세서리는 자신을 표현할 수 있는 패션 아이템인 동시에
어린 시절 추억을 떠올리게 하는 오브제로 활용되면서
인기를 끌었다. 레고는 활동 영역을 넓혀 더욱 진화한
즐거움을 소비자에게 선물한 것이다.

레고는 건축과도 융합했다. '레고 아키텍처^{LEGO Architecture}'
시리즈는 전 세계를 통틀어 의미 있는 주요 건축물과
랜드마크를 레고로 재해석한 미니어처 시리즈다.
건축물 소개와 연혁 그리고 몇 가지 흥미로운 일화가
담긴 리플릿을 동봉해 판매하고 있다. 2012년에는
여수세계박람회를 기념해 '숭례문' 모델이 나왔는데 이는
아키텍처 시리즈 최초의 동양 건축물이라는 데 의의가
있다. 적은 수의 레고로 건축물의 특징을 잡아내는 것이
이 시리즈의 특징이자 매력이며 레고 마니아는 물론
대중에게도 인기가 많다.

이처럼 레고는 예술, 패션에 이어 건축까지 활동 영역을
넓히고 있다. 레고는 어린이 장난감에서 성인의 취미
생활로, 그리고 아티스트의 예술 활동까지 영역을 넓히고
변화를 주도하며 세상과 다각적으로 소통하고 있다.

| 레고의 2F 전략 |

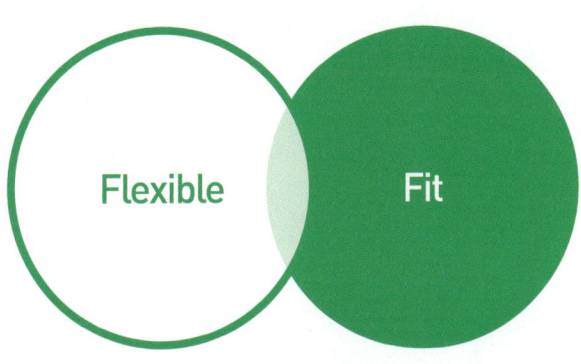

매년 리뉴얼 제품 출시로
시장 선도

소비자 체험을 온라인
미디어 영역으로 확장

다양한 분야와 융합하며
새로운 소비층 생성

최고 품질에 대한 자존심

보편적 규칙 적용으로
호환 가능성 유지

놀이를 통한 창조적인
활동이라는 철학을
남녀노소에게 전파

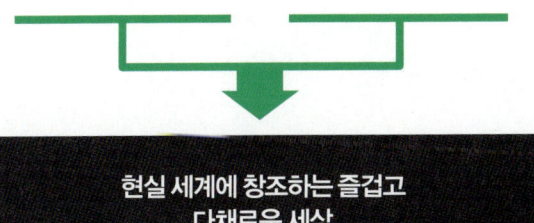

현실 세계에 창조하는 즐겁고
다채로운 세상

CHAPTER 5

트랜스
생각들

1 김홍탁

참여와 공유, 진정성으로 광고의 새로운 해법을 제시하다

- 고급 정보의 시대에서 빅 데이터의 시대로
- 새로운 미디어 환경에서 커뮤니케이션하기
- 미래 커뮤니케이션의 새로운 공식

2 정영웅

보이지 않는 디자인을 공감각적 커뮤니케이션으로 설계하다

- 디지털 환경으로 변화하다
- 디지털 환경 속 커뮤니케이션을 위한 생각과 실행
- 미래 커뮤니케이션 방법에 대한 전망과 생각

3 권기정

디지털 콘텐츠의 특별함을 사용자 경험과 연결하다

- 새로운 시대, 새로운 퍼블리싱 환경의 도래
- 소비자가 미디어를 지배하는 디지털 시대
- 디지털 미디어 커뮤니케이션을 위한 환경 고찰
- 새로운 형식의 콘텐츠 디자인: 디지털 매거진, 디지털 퍼블리싱
- 진화하는 디지털 퍼블리싱의 미래

4 여준영
PR을 위한 유기적 통합 체계를 구축하다

- PR과 마케팅 그리고 브랜드 환경의 변화
- 영역을 넘나드는 커뮤니케이션 활동들
- 미래 커뮤니케이션 방법에 대한 전망

5 한명수
복잡함과 공감의 시대, 행동을 유발하는 감성 플랫폼이 중요하다

- 정보가 흐르는 확장된 감성의 시대
- 온라인 서비스 브랜드의 플랫폼 진화
- 미래 커뮤니케이션 디자인에 대한 전망

김홍탁

참여와 공유, 진정성으로
광고의 새로운 해법을
제시하다

> "오늘날 소비자는 디지털 기술과 창의성이 접목된 새로운 커뮤니케이션 플랫폼을 통해 색다르게 브랜드를 체험하고 있다."

제일기획 ECD인 김홍탁 마스터는 글로벌 캠페인과 디지털 프로젝트를 중심으로 대한민국 브랜드의 가치를 높이는 데 힘써 왔다. 칸국제광고제를 포함한 세계 3대 광고제에서 100회 이상의 수상 경력을 가지고 있으며 그 공로를 인정받아 아시아-퍼시픽에서 주관하는 '2012 올해의 크리에이터'에 선정되기도 했다. 또한 마이크로소프트의 창업주인 빌 게이츠와 그의 아내 멜린다 게이츠가 지원하는 사회공헌 아이디어 공모전인 칸 키메라의 유일한 한국인 심사위원으로 초청받았다. 뉴욕페스티벌, 아시아태평양광고페스티벌 등의 국제광고제 심사위원을 역임했으며 다양한 국제 세미나에서 연설하기도 했다.

01
고급 정보의 시대에서 빅 데이터 시대로

정보는 권력이 아니다

대한민국 광고계는 올드미디어를 상징하는 대표적인 미디어인 TV 광고를 1년에 약 2,000여 편을 제작하고 있다. 과거에는 기업이 내부에서 광고를 자체 제작하는 것이 어려웠기 때문에 수많은 '광고대행사'가 TV 광고를 기획하고 제작을 맡아 왔다. 그러나 지금은 광고대행사라는 말을 버려야 할 때다. TV 광고로 물건을 팔고 제품에 대한 정보를 주고 호감과 인지도를 높이는 시대는 지났다.

예전에는 미디어를 먼저 선정하고 광고를 만들었지만,

이제는 하나의 미디어에 기대지 않고 성공할 수 있는 통합 캠페인 플랫폼이 중요하다. 통합과 하이브리드, 크로스 그리고 트랜스가 부상하고 있는 것도 같은 이유다. 통합 플랫폼을 짜기 위해서는 전체를 관통하는 빅 아이디어^{Big Idea}가 필요하다. 이러한 변화에 따라서 자연스럽게 TV 광고의 역할도 달라지고 있다. 이전에는 TV 광고를 통해 모든 것을 해결하려 했다면, 이제는 전체 플랫폼 속에서 서로 다른 미디어가 각각 역할을 담당하는 방식으로 변화하고 있다.

ATL을 활용할 경우 성공적인 광고를 위해서는 반복 노출이 필수적이며 이를 위해서는 큰 비용이 든다. 단 한 번의 노출로 소비자에게 메시지가 제대로 전달되었는지 확신할 수 없기 때문이다. 단순히 시청률만으로 그 효과를 짐작하고 있다. 이제는 총체적 접근과 통합적 캠페인이 필요하다. 과거에는 고급 정보가 곧 권력이었다면 빅 데이터^{Big Data} 시대로 접어들면서 누구나 쉽게 고급 정보에 접근할 수 있게 됐다. 정보가 더는 권력이 아닌 시대인 것이다. 오늘날 주요 미디어로 평가받는 유튜브, 훌루^{Hulu}, 팟캐스트, 바이스 미디어^{Vice Media}, 페이스북, 트위터, 블로그 등이 이런 현싱을 가속화했다.

광고 크리에이터의 역할 역시 메시지를 전달하는 것^{Delivering Message}에서 플랫폼을 창조하는 것^{Creating Platform}으로, 그리고

빅 아이디어
아이디어가 실현되는 매체의 영향력이 무의미해질 만큼 강력한 아이디어를 말한다.

빅 데이터
정보와 자료가 과거에 비해 폭발적으로 늘어나 기존에 사용하던 방법이나 도구로 수집하고 검색하거나 저장하는 것이 불가능한 상태다.

훌루
2008년부터 서비스를 시작한 동영상 사이트로 합법적인 콘텐츠만 제공하는 것이 원칙이다.

바이스 미디어
바이스 미디어는 음악, 비디오, 스턴트 저널리즘을 전문으로 하는 신세대 미디어 기업이다.

공유 가치를 창조하는 것$^{Creating\ Shared\ Value}$으로 진화하고 있다. 소셜 미디어 환경에서는 나누고 공유하는 것이 일반적이기 때문에, 어떻게 하면 더욱 다양한 채널을 통합적으로 활용해 많은 사람을 참여시키고 브랜드를 경험하게 할 것인가가 광고 크리에이터의 능력을 결정하는 핵심이 되었다.

트랜스가 중심이 된 브랜딩

BTL의 정의를 'Below The Line'이 아니라 'Beyond The Line'이라고 말하는 것처럼 이제는 경계가 무의미하다. 이러한 현상을 다른 말로 하면 '트랜스'라고 할 수 있다. 규정된 미디어에 콘텐츠를 적재하는 단선적 방식은 의미가 없고, 다양한 미디어를 넘나드는 통합 콘텐츠를 통해 시너지를 이루는 것이 중요해졌다. 광고는 단순히 제품 프로모션의 수단이 아니라 대중의 문화 수준을 높이는 가치를 만들 수 있어야 한다. 따라서 오늘날 광고는 커뮤니케이션 플랫폼을 제시하고, 플랫폼에 사람들을 초대해 브랜드를 경험하게 해야 한다. 여기에서 발생한 흥미나 가치를 소비자가 자발적으로 말하게 하는 'Let them talk' 방식이 새로운 미디어 환경에서는 효과적인 전략이다.

구글 크리에이티브 랩[Google Creative Lab]의 ECD 로버트 왕[Robert Wong]은 이렇게 말했다. "칸국제광고제 수상이 목표인 사람은 필요 없다. 우리의 목표는 노벨평화상을 타는 것이다." 이 말에서 알 수 있듯이 구글의 목표는 '기술과 창의성을 접목해 어떻게 가치를 만들 수 있는가'이다. 과학과 예술이 상호작용하며 서로 보완해 온 것처럼 기술의 발전은 커뮤니케이션 방식마저 바꾸고 있다.

| Creative Technologist |

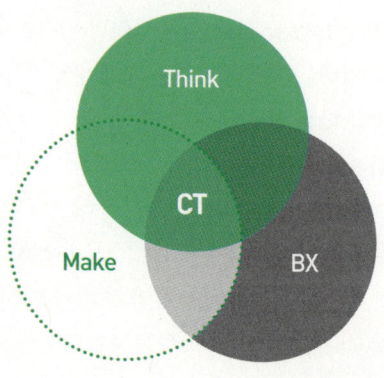

칸국제광고제를 의미하던 공식 명칭이 2011년, 'Cannes Lions International Advertising Festival'에서 'Cannes Lions International Festival of Creativity'로 바뀌었다. 여기에서 중요한 것은 광고를 뜻하는 'Advertising'이라는 말이 사라지고 'Creativity'가 생겼다는 것이다. 광고 축제에서 아이디어 박람회로 성격이 확장된 것이다. 심사 기준도 창의적 산출물^{Unique Creative Output}에 중점을 두던 것에서 창의적 해법^{Unique Creative Solution}에 비중을 두는 것으로 변화했다. 이러한 변화는 커뮤니케이션 생태계를 변화시켰다. 과거의 크리에이티브 디렉터^{Creative Director}는 오늘날 크리에이티브 기술전문가^{Creative Technologist}로 변화를 도모해야 한다. 차가운 기술을 따뜻한 감성으로 전하는 크리에이티브

기술전문가는 세 가지 조건의 교집합에 있어야 한다. 커뮤니케이션을 하는 사람이라면 누구나 가져야 할 사고 능력^{Think}과 프로토타입을 만들 수 있는 능력^{Make}, 그리고 소비자에게 경험의 장을 제공하는 능력$^{Brand\ Experience}$이 바로 그것이다.

소비자 참여가 중심이 된 트랜스 브랜딩

구글 크리에이티브 랩은 SNS의 등장으로 표현 욕구가 높아진 시대를 맞아 소비자를 능동적으로 광고 제작에 동참하게 만듦으로써 브랜드 충성도를 자연스럽게 높이는 시도를 했다. 그중 하나의 예가 '조니 캐쉬 프로젝트[The Johnny Cash Project]'다.

'조니 캐쉬 프로젝트'는 2004년 작고한 20세기의 유명한 미국의 싱어송라이터 조니 캐쉬를 추모하는 온라인 뮤직비디오를 세계 각국의 사람이 한 프레임씩 기부해 완성하는 프로젝트다. 참여자는 인터넷에 무작위로 제시된 이미지 중 하나를 고른 후, 각종 그림 도구를 이용하여 자신만의 기법으로 하나의 프레임을 완성했다. 이렇게 완성한 프레임이 모여 2010년 발표한 조니 캐쉬의 유작 뮤직비디오에서 통합되었다. 시간이 흐를수록 이미지는 더욱 풍부해졌고 참여한 사람들은 전설적인 가수에게 독특한 방식으로 경의를 표하게 되었다.

이 프로젝트 참가자는 영상에 자신의 그림을 입히는 동안 뮤직비디오 감독이 된다. "어떤 무덤도 내 몸을 가둘 수 없어."라는 노래 가사처럼 뮤직비디오 속 주인공은 변화를 멈추지 않았으며, 매번 다른 모습으로 뮤직비디오에 나타났다. 172개국에서 25만 명이 참여했는데, 프레임을 정지시키면 참가자의 정보가 나타났다. 불특정 다수에 의해 창조되는 데이터를 시각화한 실시간 인터랙티브 영상이 탄생한 것이다.

위 사례와 비슷한 예로 LG전자가 후원하고 유튜브가 진행한 글로벌 프로젝트인 〈Life in a Day〉가 있다. 일반인이 2010년 7월 24일 하루 동안 촬영한 8만여 개의 영상을 모아 만든 영화로 총 4,500시간에 달하는 영상 중 331명이 올린 1,125편을 편집해 사랑, 공포, 희망이라는 세 가지 주제로 인생을 표현한 한 편의 영화를 만들었다. 이 영화는 서로 다른 환경에서 각기 다른 방식으로 살아가는 평범한 사람들의 꾸밈없는 일상과 인생의 희로애락을 감동적으로 담아냈다.

이 프로젝트는 사람들에게 즐거운 창작의 기회를 제공함으로써 브랜드가 개인에게 의미 있는 존재가 되게 했다는 점에서 주목할 만하다. 영화는 세계를 스크린이라는 제한된 시공간 속에 이미지로 그려 내는 매체다. 영화 이론가이자 예일대학교$^{Yale\ University}$ 영화학 교수인 더들리 앤드류$^{Dudley\ Andrew}$는 "디지털과 글로벌 시대에 영화는 시공간을 새로운 방식으로 넘나들게 될 것."이라고 강조했는데 〈Life in a Day〉 프로젝트야말로 러닝타임은 95분에 불과하지만 전 세계 다른 공간에서 동시에 생겨난 각기 다른 스토리를 담았기에 시간과 공간의 차원이 다른 콘텐츠를 확보한 사례였다.

영화감독 케빈 맥도널드^{Kevin Macdonald}는 "영화 〈Life in a Day〉는 후손에게 2010년 7월 24일에 벌어진 전 세계의 일상을 보여 주는 타임캡슐이다."라고 이야기했다. 이처럼 〈Life in a Day〉는 새로운 영상 형식으로 웹 2.0 시대를 담은 시대적 자산이 되었다. 영화를 통해 각 개인의 경험과 감정을 표현할 수 있는 플랫폼을 제공한 것이다.

02
새로운 미디어 환경에서 커뮤니케이션하기

크리에이티브 솔루션이 해답이다

지금까지는 클라이언트가 광고대행사에 제시하는 오리엔테이션 그대로 기획과 제작이 이루어졌다. 그러나 이제는 제안을 통해 클라이언트의 문제를 보다 적극적으로 해결해야 한다. 마냥 기다린다면 지금의 수동적인 방식이 관행이 될 수밖에 없다.

소비자, 환경, 트렌드는 변하고 있는데 TV 광고는 여전히 제품의 특징만 부각하는 고전적인 방법을 고수하고 있는 실정이다. 이제는 TV처럼 일방향적 메시지를 전달하는 올드미디어를 벗어나 영역을 넓혀 새로운 미디어를

앰비언트 미디어
새로운 BTL 마케팅 광고 기법 중 하나. 기존의 전통적 옥외광고의 개념을 벗어나서 매체의 형식을 파괴하거나 소비자가 생활 접점에서 만날 수 있는 각종 사물을 광고매체로 활용한 혁신적 광고이다.

미디어 크리에이티브
미디어와 크리에이티브의 합성어로 '미디어를 고려한 크리에이티브' 혹은 '크리에이티브를 고려한 미디어'의 관점에서 미디어를 창의적으로 활용하는 방법적 부분을 통칭한다.

창출하는 것 자체가 중요해졌다. 이제는 우리 주위의 모든 것이 미디어가 될 수 있다는 앰비언트 미디어 Ambient Media에서 출발해야 한다. 새로운 미디어 환경을 고려한 크리에이티브를 통해 경험을 선보이는 것이다. 이를 미디어 크리에이티브 Media Creative라 부른다. 미디어 크리에이티브가 있다면 새로운 미디어 환경을 이용해 '크리에이티브 솔루션'을 제공하면서 새로운 방식으로 브랜드 가치를 높일 수 있음은 물론 사람들이 경험한 가치를 자발적으로 퍼트리는 순기능이 생긴다. 소비자 참여로 프로젝트가 완성되게 하는 것이 이 시대가 요구하는 커뮤니케이션 패러다임이다.

미디어 환경이 바뀌고 있다. 당연히 광고의 화법도 바뀌어야 한다. 이제는 소비가 발생하는 접점인 현장에서 문제의 해결책을 찾아야 한다. 과거에는 창의적 산출물에 신경을 썼다면 이제는 창의적 해법에 신경을 써야 한다. 현장에서 문제를 해결할 수 있는 해법을 도출하고 실질적으로 해결하려는 자세가 필요하다. 이 세상에 없던 것을 시도할 때는 항상 위험이 따르기 마련이지만 도전해 이겨내야 한다. 아무리 좋은 생각이 있어도 표현하지 못하면 그것은 갇혀 있는 상상력일 뿐이다. 실행되지 않은 아이디어는 아이디어가 아니다. 그리고 아이디어가 진정한 가치를 만들어 낼 수 있는 것인가를 판단할 수 있는 통찰력도 갖춰야 한다.

태양이 12시를 가리키면 시작되는 축제, 이마트 써니세일 프로모션의 쉐도우 QR 코드

2012년, 이마트에서 12시부터 13시까지, 딱 한 시간 동안만 펼쳐지는 프로모션을 진행했다. 이 캠페인은 12시부터 13시 즉, 점심시간에 매출이 상대적으로 감소한다는 사실에서 출발했다. 소비자의 호기심을 자극하고 이마트의 QR 코드 접속률을 높이기 위해 '쉐도우 QR 코드'라는 새로운 옥외 구조물을 만들었다. 이 구조물은 앞뒤로 막대기 수십 개가 꽂힌 3D 형태로 막대기가 태양 빛을 받아 그림자를 만들어 냈다. 12시부터 13시 사이 태양이 특정 고도에 이르게 되면 그림자의 모양이 서서히 움직여 QR 코드를 완성했다. 2012년 2월 한 달간 이마트 본사가 위치한 성수점 햇빛광장을 시작으로 강남, 명동, 신촌, 대학로 등 유동 인구가 많은 서울 시내 36곳에서

이마트 써니세일
프로모션의 쉐도우
QR 코드

게릴라식으로 진행한 이른바 써니세일 프로모션은 그동안
수많은 커뮤니케이션 제작물에 권태로울 정도로 난무했던
그래픽 QR 코드가 아니라 태양이 만든 그림자로 생긴 QR
코드라는 점이 소비자의 호기심을 불러일으켰다.

적극적으로 그림자 QR 코드를 스캔하는 소비자들로
프로모션 기간 동안 모바일 할인 쿠폰이 1만 2,000장
발행됐으며 실시간 경매, 온라인 특가 기획전 등을
성공적으로 수행할 수 있었다. 이 행사에 참여하기 위해
이마트 온라인몰에 신규 가입한 회원 수는 전월 대비
58% 증가했으며, 12시부터 13시까지 이마트 온라인몰
매출 역시 전월 대비 25%나 성장했다. 뿐만 아니라 빛에
의해 QR 코드 그림자를 만드는 독특한 외관의 구조물이
국내외 수많은 블로그와 SNS 등을 통해 퍼져 나가면서
써니세일 프로모션이 전 세계에 알려지는 예상치 못한 홍보
효과까지 나타났다.

강력한 바이럴을 염두에 둔 아이디어,
삼성전자 카메라 NX100 뮤직비디오 〈Last Leaf〉

미국의 인디밴드 OK Go의 뮤직비디오 〈Last Leaf〉는 세계
최초로 식빵을 활용한 스톱모션 애니메이션으로 1초에
15프레임씩 총 2,430여 장 식빵에 레이저로 그림을 그리고

삼성전자의 카메라 NX100의 광고였던 밴드 OK Go의 뮤직비디오

삼성전자의 카메라 NX100으로 촬영해 완성했다. MIT Lab과의 협업을 통해 제작된 이 뮤직비디오는 독특한 작품으로 유명한 애니메이터 지오프 맥페트리지$^{Geoff Mc-Fetridge}$가 프로그래밍한 애니메이션으로 〈TIME〉이 'Top 5 Viral MV'에 선정할 정도로 회자되었던 작품이다. 삼성전자가 크리에이티브 클래스$^{Creative Class}$를 타깃으로 하는 '찍지 말고 창조하라'라는 글로벌 아트 캠페인의 일환으로

크리에이티브 클래스
창조계급이라고 하며 자신이 속한 분야에서 창조성을 드러내는 사람들을 새롭게 일컫는 말이다.

제작한 이 뮤직비디오는 카메라를 '단순히 사진을 찍는 도구'가 아니라 '자신만의 이야기를 만드는 창조적 도구'로 만들었다. 카메라는 이 프로젝트를 통해 밴드 OK Go의 독창성과 상상력, 아이디어를 마음껏 활용할 수 있게 돕는 도구가 되었다.

기존의 카메라 광고처럼 제품을 직접 드러내기보다 영상 자체의 재미를 부각한 후 카메라 성능을 간접적으로 느낄 수 있도록 유도하기 때문에 뮤직비디오 감상을 하면서 자연스럽게 제품 홍보가 된다. 또한 페이스북에서 자신의 사진을 식빵에 인쇄할 수 있는 재미있는 앱을 제공해 소비자 흥미를 유발하고 공유와 참여를 불러일으키는 쌍방향 소통을 이끌어냈다.

크리에이티비티가 세상을 바꾼다, 칸 키메라가 만든 창조적 기부

'빌앤멜린다게이츠재단 Bill & Melinda Gates Foundation'은 마이크로소프트 Microsoft Corporation 의 창업주인 빌 게이츠와 아내 멜린다가 막대한 재산을 투자해 만든 세계 최대 규모의 민간 사회·봉사 활동 기관이다. 기아, 질병, 환경오염 등의 전 지구적 문제를 해결하는 것이 목표다. 재단과 칸국제광고제가 공동 기획한 프로젝트 '칸 키메라 Cannes

칸 키메라 심사위원들의
워크숍 작업들

Chimera'는 크리에이티브한 아이디어를 통해 저개발국이 공통적으로 안고 있는 문제를 해결하겠다는 의미에서 시작됐다. 세상을 바꿀 수 있는 아이디어를 공모받아서 그중 가장 좋은 아이디어에 100만 달러의 자금을 지원하는 프로젝트였다.

전 세계 누구든지 자신의 아이디어와 그 실행 방법을 A4 용지 2장에 써서 응모할 수 있으며, 제출한 아이디어는 재단과 칸국제광고제 위원회가 선정한 14명의 전문가가 심사하고 발전시킨다. '저개발국의 보건과 발전'을 주제로 1,000편이 넘는 아이디어가 접수되었고 그중 심사위원이 10개를 뽑았다. 해당 아이디어를 제시한 10개의 팀과 14명의 심사위원이 2012년 11월에 재단이 위치한 미국 시애틀에 모여서 아이디어를 숙성시키는 작업을 했다. 선택된 10개의 아이디어를 제시한 사람들은 〈The New York Times〉 기자, 보스턴 대학교 교수, 엔지니어, 광고 회사 직원 등 다양한 직업을 가지고 있었다. 이들과 14명의 위원은 집단 지성의 힘을 통해 더 나은 해결책을 고민하는 귀중한 시간을 공유했다. 단순히 돈을 기부하거나 학교를 지어 주는 식의 일방적 도움이 아니라 많은 사람을 참여시켜 공유할 수 있는 가치를 창조하는 것에 초점을 맞춘 행사였다. 역사에 남을 만한 이 이벤트의 가치는 '집단 지성'과 '지속 가능성'에 있다. 칸 키메라는 이 두 가지를 모범적으로 보여 주는 대표적인 사례로 남을 것이다.

참여형 캠페인으로 진화하는 공익광고

광고는 단순히 구매를 촉진하기 위한 메시지 전달 수단을 넘어서 가치를 만들어 내는 방향으로 진화하고 있다. 커뮤니케이션 통로가 다양해져 온·오프라인에서 다방면으로 사람들을 참여시킬 수 있는 환경이 만들어졌기 때문이다. 더욱 중요한 것은 디지털 테크놀로지와 소셜 미디어가 참여를 통해 나누고 돌보는 사회 문화 환경을 조성해 가고 있다는 것이다.

영향력 있는 문화인류학자 마크 웨시^{Mark Wesch}는 "소셜 미디어가 형성한 커뮤니케이션 환경의 중심에는 가치를 서로 나누고자 하는 진정성의 문화가 존재한다."고 밝힌 바 있다. 이제 기업도 사회 공헌 활동을 중요한 브랜딩 활동으로 생각하고 있으며 단순히 돈을 기부하는 것이 목적이 아니라 사람들의 참여를 통해 가치를 만들어 내는 CSV^{Creating Shared Value} 활동에 집중하면서 새로운 패러다임에 적응하고 있다. 광고의 역할이 물건을 파는 것을 넘어서 사람의 생각을 바꾸고 더 나아가 세상을 바꾸는 역할로 전환된 것이다.

CSV
CSV는 기업이 주주에게 돌아갈 이익을 극대화하는 데만 머물지 않고, 종업원과 협력업체, 지역사회, 국가 등 기업을 둘러싼 다양한 이해관계자들의 이익까지 생각하는 경영방식이다.

이제 우리는 TV 광고처럼 메시지가 빨리 사라지지 않는 플랫폼을 만들어야 한다. 갈수록 원형을 간직하고 있는 커뮤니케이션과 프로토타입, 플랫폼이 중요한

시대로 접어들고 있는 것이다. 원형을 간직하고 있는
커뮤니케이션이란 기업 고유의 창의적 가치를 담은
효과적인 커뮤니케이션으로 확장 가능성이 매우 높아 여러
용도로 재활용할 수 있다는 이점이 있다.

제조사, 유통사, 소비자가 모두 참여하는
미네워터 바코드롭 캠페인

미네워터 바코드롭 캠페인은 물 부족으로 생명을 위협받는
아프리카 아이들에게 깨끗한 물을 전달하자는 의미에서
출발했다. 미네워터 병에 있는 물방울 형태의 바코드를
찍으면 아프리카의 물부족국가에 100원을 기부하는
방식이다. 여기에 제조사인 CJ제일제당과 유통사인 CU가
각각 100원씩 더해서 소비자가 미네워터 한 병을 구매할
때마다 총 300원이 기부되었다.

아프리카에서 오염된 물을 마시고 병에 걸려 죽어 가는
아이들이 많다는 사실은 누구나 알고 있지만 그들을 도울
수 있는 방법을 찾는 일은 쉽지 않았다. 대부분의 사람이
남을 돕고자 하는 마음이 있어도 실천을 못 하는 것은
게으르기 때문이다. 미네워터 바코드롭 캠페인은 바로
이러한 인사이트에서 출발했다. 게으른 사람도 기부를
'쉽게' 할 수 있도록 하자는 것이 이 캠페인의 핵심 콘셉트다.

미네워터 바코드롭
캠페인

자신이 마실 물을 구입하면서 손쉽게 아프리카 어린이를
위해 깨끗한 물을 기부하는 기회를 고안한 것이다.

최근 소셜 미디어의 확대에 따라 사회적으로 서로
연대하려는 의식이 강해져 미네워터 바코드롭 캠페인은
소셜 미디어와 블로그 등을 통해 빠르게 퍼졌고 소비자들
사이에서 자연스럽게 제품 홍보가 이루어졌다. 바코드를
이용한 쉽고 편한 기부 방식을 통해 제조사, 유통사,
소비자가 모두 참여하는 새로운 유형의 사회 공헌
프로젝트를 선보였으며, 일상생활 속에 기부 문화를
확산시킨 모범 사례로 자리 잡았다. 또한 이 프로젝트는
미디어를 통해 기부에 동참할 것을 알리는 수동적인
방법 대신 상품인 생수병 자체가 미디어의 역할을 하도록

함으로써 고객과 직접 교류하는 것에 성공한 대표적
사례다. 그 결과 브랜드 인지도와 호감도, 그리고 제품의
판매량을 한꺼번에 높이는 놀라운 결과를 가져왔다. 또한
캠페인의 패키지 디자인은 일반적인 제품 디자인 형식에서
벗어나 용기 자체를 적극적인 광고 수단으로 삼은 덕분에
앰비언트 미디어의 모범 사례로도 꼽힌다. 또한 제품
디자인, 미디어의 활용, 사회 참여 유도라는 관점에서
기존의 마케팅 기법이 해결할 수 없는 한계를 뛰어넘은
트랜스 마케팅 사례라 하겠다.

실버 세대와 젊은 세대의 화학반응,
실버토크, 노인은 위대한 스토리텔러다

"노인 한 사람이 죽는 것은 도서관 하나가 불타 없어지는
것과 같다." 이 말은 아프리카 작가 아마두 앙파데바[Amadou Hampâté Bâ]가 유네스코 연설에서 한 말이다. 나이 든 사람의
연륜과 경험이 얼마나 중요한가를 제대로 설명하고 있는
말이다. 노인에게는 젊은이들이 가질 수 없는 통찰과
지혜가 있다. 실버토크 캠페인은 나이 든 분들의 말씀이
잔소리가 아니라 지혜의 말씀임을 알리고자 하는 취지로
실버 세대의 경험 기부와 젊은 아티스트의 재능 기부로
만든 참여형 공익광고 캠페인이었다.

실버토크 포스터

'노인은 위대한 스토리텔러다'라는 캐치프레이즈 아래 젊은 작가가 청중으로 자리하고 할아버지, 할머니뻘 되는 분의 굴곡진 삶의 이야기를 들은 후 거기서 받은 영감을 바탕으로 작품을 만드는 소셜 아트 프로젝트였다. 이를 통해 단순히 실버 세대와 젊은 세대를 물리적으로 만나게 한 것이 아니라 화학적으로 섞이게 하는 장을 만들었다. 2013년 1월 19일, 실버토크 콘서트에 참석했던 아티스트가

만든 창작물을 홍대 근처의 한 갤러리에 전시하면서
실버토크 캠페인은 세간의 주목을 받기 시작했다.
캠페인과 관련된 수많은 사진과 글이 SNS를 장식했다.
'실버토크'라는 하나의 커뮤니케이션 플랫폼이 앞으로 크게
확장할 수 있는 힘을 가졌음을 보여 주는 징표였다.

창의적인 커뮤니케이션 활동을 통해 실버 세대의
문제를 공유하고 일반인이 동참해서 새로운 결과물을
만들어 내는 활동은 전례가 없던 일이었다. 토크쇼와
소셜 아트의 결합은 실버 세대의 중요성을 광고 속
텍스트가 아닌 행동과 체험을 통해 보여 준 사례다.
노인이 위대한 스토리텔러인 것처럼 실버토크 캠페인은
새로운 커뮤니케이션 플랫폼으로서 뛰어난 가치를 지닌
스토리텔러가 되어 제2, 제3의 캠페인을 만들어 갈
예정이다. 앞으로는 노숙자 문제, 다문화 가정 등 또 다른
소외 계층에 대해서도 이와 같은 플랫폼을 활용할 수 있을
것이다.

03
미래 커뮤니케이션의 새로운 공식

통합적인 플랫폼을 큐레이팅하라

커뮤니케이션 방식이 전통적 미디어에서 앰비언트 미디어를 만들어 내는 것으로, 일방적 메시지 전달에서 적극적인 참여 유도로, 창의적 결과물에서 창의적 해법 제시로 변화하고 있다. 이를 통해 도출할 수 있는 새로운 커뮤니케이션 공식이 있다. 이 공식에서 확인할 수 있는 것은 디지털 테크놀로지, 소셜 미디어를 비롯해 새롭게 창출되는 각종 미디어, 온·오프라인 이벤트를 어떻게 적절히 큐레이팅할 것인지가 창의적이면서도 강력한 브랜드 커뮤니케이션 방식의 핵심이라는 사실이다.

| 창의적 브랜드 커뮤니케이션 공식 |

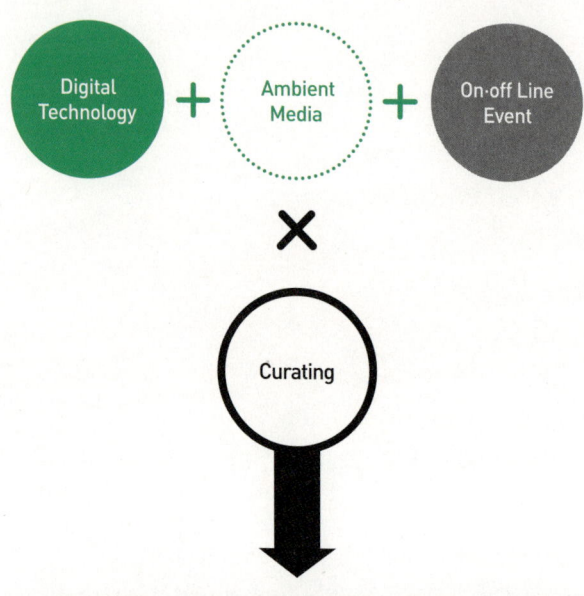

이제는 '앰비언트 미디어'의 시대로 접어들었다. 우리 주위의 모든 것이 미디어가 될 수 있기에 커뮤니케이션 목적에 따라서 새로운 미디어를 찾을 수 있어야 한다. EC=MC, 즉 Every Company = Media Company로 진화한 것이다.

어떤 미디어가 중심이 되더라도 바이럴 효과가 큰 매체를 통해 브랜드를 경험하게 만드는 '온·오프라인 이벤트'도 필수다. 이때, 모든 것을 아우르는 효과적인 통합 플랫폼이 될 수 있도록 완벽하게 '큐레이팅'하는 것이 중요하다. 이러한 일련의 과정을 잘 통합한다면 사람들이 스스로 말하게 만드는 힘인 '토크 밸류'는 높아지고, 그 결과 브랜드 파워는 더욱 강력해질 것이다. 사람들 사이에서뿐만 아니라 각종 미디어에서도 자발적으로 입소문을 내 주기 때문이다.

예전에는 창의적 결과물에만 신경을 썼다면, 이제는 더욱 본질적이고 실질적인 솔루션을 제공해야 한다. 위계질서는 존재하지 않는다. 수평적인 오픈 마인드로 참여와 공유를 유도하면서 새로운 가치를 창출하는 플랫폼을 만드는 데 전력투구해야 한다.

정영웅

보이지 않는 디자인을
공감각적
커뮤니케이션으로
설계하다

> "
> 본질적인 커뮤니케이션 환경을 고민하면
> 매체도 영역도 한계가 없어진다.
> 좋은 커뮤니케이션은 분석을 통해 공감하게
> 만드는 것이다.
> "

정영웅은 홍익대학교 시각디자인과 학부 졸업 후,
영국왕립예술학교 커뮤니케이션디자인 대학원에서
수학했다. 이후 안그라픽스, 펜타브리드를 거쳐
2006년 멀티미디어 컨설팅 및 디자인 전문
주식회사 이응을 설립하여 지금까지 대표이사로
재직하고 있다. 2005년에는 북경에 위치한
중앙미술대학교에서 강의 및 워크숍 전시를
진행하기도 했으며, 2009년부터 2010년까지
서울여자대학교 미술대학 시각디자인학부
전임강사로 재직했다. 2011년부터는 다시 주식회사
이응의 대표이사로 복직하여 현재 디지털 미디어
관련 분야에 대한 자문 및 총괄기획 그리고 디자인
수행의 디렉션을 담당하고 있다.

01
디지털 환경으로 변화하다

커뮤니케이션 환경은 끊임없이 변화한다

디지털 환경으로 진입하는 속도가 가속화되면서 우리가 주변 환경을 이해하고 재구성할 수 있는 능력은 전보다 더 정교하고 다양해지고 있다. 발전한 디지털 환경은 인간이 상상하고 있는 것을 그대로 재현해 낼 수 있도록 도와준다. 영화 속에서 과거에는 기술적인 문제로 연출하지 못했던 장면이 현실처럼 느껴지는 것도 같은 이유이다.

인간의 커뮤니케이션 환경은 우리의 삶 속에서 끊임없이 변화해 왔다. 변화의 속도가 눈에 띄지 않거나 수면 아래에서 이루어졌을 뿐, 늘 존재했다. 기술의 변화로 인해 커뮤니케이션 환경이 빠르게 변하는 시기가 있었다.
아날로그에서 디지털로의 전환이 가장 대표적인 예이지만,
정보량이 달라지고 정보 소구 대상이 달라졌을 뿐 과거와
현재 속 변화의 흐름은 거시적 관점에서 비슷하다. 다만
이전과 확연히 달라진 점은 기존 커뮤니케이션이 대중과
대중, 집단과 집단 사이에서 주로 이루어졌다면 현재의
커뮤니케이션은 집단과 개인, 대중과 개인, 개인과 개인이
직접적으로 상호작용을 한다는 것이다.

과거 커뮤니케이션 환경에 가장 큰 변화를 일으킨 사건 중
하나를 살펴보도록 하자. 역사적으로 구텐베르크[Johannes Gutenberg]가 활판 인쇄술을 발명한 것은 디지털 시대에 개인용
PC가 등장한 것과 같은 엄청난 사건이었다. 규모와 범위는
다르겠지만 사회에 끼친 영향은 디지털 시대보다 더 크다고
평론가와 전문가는 이야기한다. 활판으로 인쇄한 책을
보면서 당시 대중은 엄청난 충격을 받지 않았을까?

인간과 하나가 되는 커뮤니케이션

20년 후를 상상해 보면 지금과 비교할 수 없을 정도로 많은 매체와 정보가 쏟아질 것이 자명하다. 그에 따라 매체도 지속적으로 보완될 것이다. 그러나 미디어 환경이 변한다고 해서 커뮤니케이션의 본질적 속성이 변할까? 인간이 활용하는 모든 커뮤니케이션의 본질은 변하지 않는다. 매체 유형, 정보량, 그리고 그에 따른 커뮤니케이션 방법이 변할 뿐 근본적인 커뮤니케이션 목적은 크게 변하지 않는다. 그렇다면 커뮤니케이션 환경의 변화를 깊고 미시적으로 분석하는 관점만큼 거시적으로 살펴보는 관점 또한 중요하다.

1994년 개봉한 영화 〈폭로〉에는 사이버 안경이나 사이버 장갑으로 데이터를 저장하는 장면이 있다. 당시에는 이러한 모습이 영화에서나 가능한 먼 미래의 이야기 같았지만 이제는 현실에서도 가능한 일이 되었고, 더 나아가 3차원 물성이 있는 대상과 4차원 가상의 대상이 실제 공간에서 서로 어울리며 새로운 체험을 할 수 있는 환경까지 만들 수 있게 되었다. 지금은 2차원 정지 화면과 3차원 물리적 시공간, 그리고 4차원 가상공간 사이의 경계가 허물어지는 현상이 벌어지고 있다. 예를 들면 이전에는 가상공간과 현실공간을 스크린이라는 매체로 명확하게 구분했는데, 지금은 각종 무선 통신 환경과 센서를 활용하여 스크린 속

공간과 3차원 물리적 공간의 경계가 점점 모호해지고 있다. 앞으로는 영화 관람 중에도 관객이 이야기에 개입할 수도 있게 될 것이다. 이렇게 되면 영화라 불러야 할지 게임이라 불러야 할지 고민해야 하지 않을까?

위 내용은 지질학의 발전 과정에 빗대어 설명할 수 있다. 인류는 환경을 연구할 때 처음에는 인간 중심의 관점에서 자신의 눈에 보이는 지리를 파악하는 것으로 시작했다. 다음 단계로 표층 이면의 상태, 즉 지질에 대해 분석했지만 모든 연구 기준은 인간과 어떤 관련이 있는가에만 집중했다. 현재 우리는 인간이 통제할 수 없는 매우 거대한 환경의 일부라는 것을 인지하고 인간 중심에서 자연법칙 중심으로 현상을 분석하고 있다. 커뮤니케이션도 마찬가지다. 초기에는 커뮤니케이션 자체를 인간 중심적으로 다가갔지만 현재는 커뮤니케이션 현장 안에서 인간도 일부분으로 이해하기 시작했다. 커뮤니케이션 환경과 매체의 변화, 콘텐츠의 변화는 애초부터 사람이 원하는 대로 변하는 것이 아니라 자연현상이 진화하는 방향에 따라 자연스럽게 적응하는 것처럼 이해하기 시작한 것이다.

02
디지털 환경 속 커뮤니케이션을 위한 생각과 실행

오감을 통한 본질적 커뮤니케이션

인간의 물질적, 비물질적 디자인을 위한 커뮤니케이션 연구는 시각적 요소에 청각, 촉각이 더해지는 순서로 발달해 왔다. 궁극적으로 오감을 한꺼번에 아우르도록 발달하리라는 것은 예상할 수 있었다. 오감과 공감각을 활용한 커뮤니케이션이 가능하게 된 것은 디지털 환경 때문이다.

디지털 환경은 인간의 오감을 확장하고 차원의 경계를 없애는 즉, 원격현전Telepresence 현상을 가속화한다. 이러한 현상은 인쇄물, 전화기, 웹, 앱 등 모든 것을 매개로

원격현전
커뮤니케이션에 사용되는 매체에 의해 사용자가 어떤 환경 속에 실재하고 있는 것 같은 느낌을 받는 것을 말한다. 즉 주변 환경에 의해서 만들어진 지각을 총칭하는 개념이다.

발생한다. 따라서 우리가 디지털 환경을 적극적으로 수용해야 하는가 배척해야 하는가는 논의할 가치조차 없는 질문이다. 미디어를 통한 '증강현실', '원격현전' 같은 것은 결국 감성적 유희를 위한 것이든 실용적 목적을 위한 것이든 인간의 본질적인 커뮤니케이션을 극대화하기 위한 일부다.

그렇다면 커뮤니케이션이 이루어질 때 신체에서는 어떠한 현상이 일어날까? 예를 들어 "거세게 몰아치는 빗속에서 한 여인이 우산도 없이 쓸쓸히 계단을 걸어가고 있다."라는 문장을 연상해 보자. 먼저 이 문장을 떠올리고 이미지를 연상한 후, 마지막으로 소리를 얹어 연상하는 사람이 있을까? 물론 각 감각이 뇌까지 정보를 전달하는 속도는 아주 미세한 차이가 있을 것이다. 그러나 인간의 뇌는 색채, 소리, 냄새 등 몸이 지각하고 있는 오감적 판단을 가능하면 동시에 활용한다.

인간은 본능적으로 많은 감각을 활용해 커뮤니케이션하고 싶어 한다. 역사적으로 인간은 기술이 허락하는 범주에서 모든 감각을 최상으로 활용하기 위해 노력했다. 시대에 따라 기술과 매체의 한계 때문에 활용할 수 있는 범위에 한계가 있었을 뿐이다. 인류 역사에 문자가 탄생한 이유, 시각 커뮤니케이션 매체가 성장하는 이유, 녹음 기능이 발달하는 이유 등을 분석해 보면 기술이 커뮤니케이션의

필요성에 맞춰 진화했다는 것을 알 수 있다. 즉 그림과
기호만으로는 짧은 시간에 많은 정보를 전달하기 어렵기
때문에 문자가 생겨났고, 원거리에서 육성 대화가
불가능하기 때문에 전화기가 나타난 것이다.

가능하다면 많은 정보를 얻고 싶어 하는 것이 인간의
욕망이다. 답답하고 어두운 터널과 밖이 훤하게 보이는
터널 중에서 지나가고 싶은 길을 선택하라면 어느 쪽을
택할까? 당연히 밖이 훤히 보이는 통로를 지나가고 싶은
게 인간이다. 더 많은 정보를 받아들이고 싶은 것이
인간의 욕망이기 때문이다. 터널 자체의 물리적 조건이
동일하더라도 외부가 보이는 터널을 지나가는 사람이
수용하는 정보와 체험 환경은 크게 다를 것이다. 인생을
깜깜한 터널에서 보내고 싶은가? 아니면 바깥이 훤히
보이는 곳에서 보내고 싶은가? 이처럼 더 많이 더 정확하게
알고 싶고 나아가 서로 소통하고 싶어 하는 커뮤니케이션
본질은 인간의 본능에서 비롯된 것이다.

시청각 중심의 커뮤니케이션은 지금까지도 많았지만
앞으로는 오감을 모두 활용한 여러 대안이 등장할 것이다.
특히 사용자가 복잡한 정보에도 혼동하지 않고 제품을
쉽고 편리하게 사용할 수 있도록 제품을 연구하는 분야인
경험 디자인에서 이러한 현상은 더욱 두드러질 것이다.
정지 영상을 동영상으로, 더 나아가 상호 반응 영상으로

변환하는 영상 디자인, 여러 디지털 정보 기기를 활용해
유기적으로 연출하는 공간 디자인 등을 통해 다양한
커뮤니케이션이 가능해질 예정이다. 기능적 디자인뿐
아니라 심미적 디자인 또한 활발히 연구 중이다. 이처럼
디지털 기술은 오감을 활용하는 인간의 커뮤니케이션
방식을 닮아가고 있다.

여행의 시작을 감성으로 채우다,
인천국제공항의 공간 미디어와 콘텐츠

글로벌 선진 공항으로 입지를 다지고 있는 인천국제공항을
위해 입국 심사대에 위치한 디지털 스크린과 앤틀러^{Antler}
공간 개선 작업을 진행한 경험이 있다. 기존 입국 심사대는
모니터를 통해 단순한 안내 사인과 지루한 광고 이미지만
보여 주고 있었다. 이곳에 멀티스크린을 설치하고
내외국인들이 줄을 서서 5~10분간 기다리는 동안 감상할
수 있는 풍부한 영상 콘텐츠를 담았다. 영상 콘텐츠와
실용 정보를 제공하기 위한 RSS 연동 데이터 프로그램을
개발하고 시각화하는 작업과 아이덴티티 모션 그래픽
작업을 수행했다. RSS 콘텐츠는 입국자가 가장 필요로
하는 날씨, 온도, 시간 정보들로 구성했으며 웰컴 보드는
관리자가 필요에 맞게 메시지를 직접 입력하면 여러 나라의
언어로 변환해 스크린에 보이도록 만들었다.

앤틀러
입국자가 비행기에서
내려 입국 심사대까지
도달하기 위해 통과하는
긴 통로를 말한다.

RSS
RDF Site Summary,
Rich Site Summary,
Really Simple
Syndication의 약자.
웹 상에서 자료를
교환하거나 배급하기
위한 싱지로 수많은 정보
가운데 이용자가 원하는
것만 골라서 큐레이팅해
서비스하는 맞춤형
서비스다.

RSS로 연동한 세계 도시 시간의 시각화

인천국제공항 입국 심사대에 설치된 멀티스크린

인천국제공항에 설치된 앤틀러

기존 디지털 사이니지^{Digital Signage} 기능 또한 보존했다. 이를
통해 다양하고 새로운 감성적 정보와 공항에 반드시
필요한 실용 정보를 조화롭게 구성할 수 있었다.

인천국제공항의 앤틀러 공간 개선 작업은 총 40미터 길이의
앤틀러 두 곳과 25미터 길이의 동관과 서관 두 곳에 대형
LFD^{Large Format Display} 모니터를 시공 및 설계하는 것은 물론
콘텐츠 기획과 제작을 진행했던 프로젝트로 2012년 말에
완공했다. 앤틀러를 통과하는 입국자는 긴 여정으로 인한
극도의 피로감과 입국 심사에 대한 긴장을 느낀다. 긴장을
해소하면서 대한민국의 정서를 감성적으로 전달해 좋은
첫인상을 심어 주는 것이 목적이었다. LFD 미디어를
활용하면서 고정된 공간 개념이 유동적인 공간 개념으로
변화되었고 우리나라의 자연과 문화를 자연스럽게
소개하는 역할도 담당했다.

디지털 사이니지
주로 공공장소에
설치되는 디지털 영상
장치를 말한다. 마케팅과
광고에 효과적이며
대중에게 새로운 경험을
제공하는 것은 물론 정보
전달에도 뛰어나다.

LFD
옥외 광고에 사용되는
새로운 형식의
디스플레이로 기존의
디스플레이보다 훨씬 큰
패널과 전문가 수준의
사양이 특징이다.

공간 속 또 다른 시공간을 창조하다,
설화수 스파 모션 그래픽

국내 대표 화장품 회사인 아모레퍼시픽의 브랜드 중
설화수의 소비자를 위한 스파에 모션 그래픽을 제작했다.
설화수는 아모레퍼시픽의 대표적인 고급 브랜드로
동양적인 정서를 품고 있었다. 설화수는 스파를 방문한

고객이 한국적인 정취를 느낄 수 있기를 원했고 이에 툇마루에서 바라본 고요하고 평화로운 풍경을 연상시키는 모션 그래픽을 한쪽 벽면에 별도의 프레임 없이 꽉 차도록 고안했다.

한국의 대표적인 사진작가 배병우의 소나무 사진을 이용해 입체적으로 움직이는 모션 그래픽을 창조해, 마치 바깥 풍경을 실제로 감상하는 듯한 느낌을 연출했다. 공간 구조를 잘 활용하면 가상현실을 더욱 극적으로 끌어올릴 수 있다는 점을 깊이 연구하며 진행한 프로젝트였다.

정지된 이미지가 갖고 있는 한계를 극복하는 영상의 생동감과 사운드 효과 그리고 프레임이 느껴지지 않는 공간 구조를 통해 방문객에게 현장감을 전달하려 했다. 영상은 굉장히 천천히 움직이는데 고객에게 짧은 시간

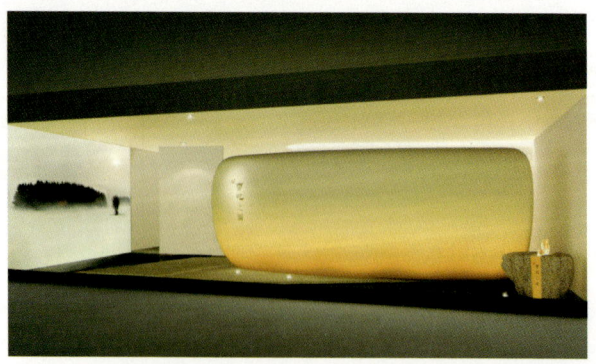

아모레퍼시픽 설화수
고객을 위한 스파 공간

스파 공간에서 볼 수
있었던 영상 이미지 중
일부

동안 강렬한 인상을 주는 것이 아니라 스파를 하는 내내
자연스럽게 감상할 수 있도록 편안함을 주고자 했다.
사용자는 안개가 자욱한 숲에 비가 내리고, 나무들이
흔들리는 것을 오감으로 느끼면서 전통 철학적 가치를
추구하는 설화수의 철학을 자연스럽게 공유하게 된다.

**소통을 통해 성장하는 도시의 모습,
상하이 엑스포 한국관 아이덴티티와 브랜딩**

2010년에 국제박람회가 중국 상하이에서 개최되었다. 이
행사에서 총 177개 국가가 독립적인 전시관을 마련했다.
한국관도 그중 하나였다. 한국관은 매스스터디스가
건축설계, 시공테크가 영상관을 담당하고 제일기획이 그
외 실내외 콘텐츠를 담당하는 컨소시엄으로 진행했다.
주식회사 이응은 제일기획과 함께 콘텐츠 작업을 했다.
상하이 엑스포 한국관의 건축은 매우 체계적인 '한글'
구조를 기반으로 했다. 90도 시야각에도 글자가 읽힐 수
있는 기능적이고 미학적인 형태의 옥외광고를 3차원 공간
이미지로 제작했고, 아이덴티티도 그에 맞게 작업했다.

상하이 엑스포 한국관 브랜딩 콘셉트는 '소통을
통한 개인, 집단, 살아 있는 도시로 성장하는 한국의
모습'이었다. 사람과 사람 사이 그리고 도시와 사람

상하이 엑스포 한국관
로고

사이의 소통을 표현하고 나아가 도시와 도시 사이의 소통을 통해 문화교류의 장으로서 한국을 드러내고자 했다. 상하이 엑스포 한국관의 콘셉트는 음양오행에서 출발했다. 음양오행을 표현하는 괘에서 모티브를 얻어 원과 사각형이라는 기본적인 시각 요소를 도출했다. 여기에 디지털 기술에서 필요한 이미지의 최소 단위인 픽셀을 접목했다. 그러자 상하이 엑스포 한국관의 주요 콘셉트였던 원과 사각형의 이미지가 픽셀로 형상화되어 반복과 증식을 통해 새로운 이미지를 만들어 내는 모습이 완성되었다.

상하이 엑스포 한국관은 도시는 개인이라는 작은 픽셀이 모여서 공동체라는 새로운 형태의 유기체가 되어가는 것임을 표현한 것이다. 여기에 사용된 색은 한국의 전통적인 색인 오방색에서 도출했고 로고타이프 또한

오방색
다섯 방위를 상징하는 색으로 동쪽은 청색, 서쪽은 흰색, 남쪽은 적색, 북쪽은 흑색, 가운데는 황색이다.

상하이 엑스포 한국관의 아이덴티티의 연장선에서
벗어나지 않되 3D 형태의 입체적인 사각형 형태로
만들어 어느 각도에서나 잘 보이도록 고안했다. 이를 통해
기하학적인 도형으로 분절된 개인과 도시가 함께 소통하고
융합하는 모습이 한국관 전체에 스며들 수 있었다.

논리와 직관, 아날로그와 디지털의 융합

과거 커뮤니케이션 디자인은 인문학적 성향이 강했다.
그때만 해도 과학기술 분야와 디자인이 가깝지 않았다.
그러나 지금은 수학 원리와 공학 이론을 결합한 디자인이
빠른 속도로 발전하고 있다. 과거에는 데이터를 다루는
프로그래밍과 커뮤니케이션 디자인 사이에 상관관계가
거의 없었던 것을 생각해 보면 놀라운 변화라 할 수 있다.

아날로그와 디지털의 차이점은 과학기술을 디자인에
적용하는 정도의 차이에서 발생한다. 아날로그는
연속성이 지속된다는 의미를 지니고 디지털은 연속성을
분절시킨다는 의미가 있다. 즉 인간이 매체를 통해
만드는 커뮤니케이션은 연속된 현상을 하나씩 분리하는
'아날로그의 디지털화' 작업이었다고 볼 수 있다.

아날로그와 디지털의 관계를 분석해 깊이 들어가면
결국 감성과 만나게 된다. 그러나 감성을 분석하겠다고
나서는 것은 인간의 뇌를 모두 이해했다고 말하는 것처럼
불가능한 일일지도 모른다. 감성은 분석의 대상이 아니라
감상의 대상이기 때문이다. 하지만 감성을 디자인으로
표현하기 원한다면 철저히 분석하고 법칙을 끌어낼 수
있어야 한다. 정교한 기준과 명확한 방향성이 없다면
디자인은 결코 감성을 담아낼 수 없고 감성이 담기지 않은

커뮤니케이션은 생명력이 오래갈 수 없다.

얀 치홀트 Jan Tschichold 는 타이포그래픽 디자인 분야에서 대표적인 작가로 꼽힌다. 그가 이런 명성을 얻게 된 데에는 타이포그래픽 분야에서 모든 사람이 공감하고 효율적으로 사용할 수 있는 법칙을 그가 분석을 통해 완성했기 때문이다. 비단 타이포그래픽 분야뿐만이 아니라 영상 디자인이나 편집 디자인 분야 역시도 세부적으로 살펴보면 수많은 법칙과 원리가 많은 사람의 노력으로 완성되어 있음을 알 수 있다. 모션 그래픽처럼 아직 역사가 짧은 새로운 분야에서도 이와 같은 법칙을 밝혀낸다면 미래의 커뮤니케이션은 보다 획기적으로 발전할 수 있다. 물론 감성을 다루는 방법론이 분석을 통한 법칙의 완성에만 있지 않다. 인간의 감성은 논리적으로 분석하기에 앞서 과거의 경험과 자신도 모르는 사이에 축적된 지식에 따라 직관적으로 판단하는 경우가 더 많기 때문이다.

상대방을 이해하기 위해 객관적으로 파악하고 분석하는 것이 논리라면 상대방의 입장이 되어서 느낌을 공유하는 것은 직관이다. 논리적 이성과 직관적 감성이 조화를 이루었을 때 누구나 공감할 수 있는 커뮤니케이션이 발생할 수 있다. 여기서 논리적 이성은 디지털에서 직관적 감성은 아날로그에서 해법을 찾는 것이 개인적으로 추구하고 있는 방향이다.

03
미래 커뮤니케이션 방법에 대한 전망과 생각

트랜스 시대를 살아가는 자세

변화는 시대마다 꾸준히 존재했다. 훗날 거대한 혁신으로 평가받을 수도 있는 지금의 변화를 바라보고 대응하는 것은 꽤 의미 있는 일이다. 이것이 트랜스 시대를 살아가는 자세다. 현재 우리가 살아가고 있는 디지털 시대는 트랜스 시대를 대표한다. 지금은 거리가 무의미할 만큼 입체적 커뮤니케이션이 활발한 세상이고 인터넷은 한계가 없는 환경을 만들었다. 제약이 사라진 환경 속에서 정확한 분석이 뒤따르지 않는다면 혼란에 빠져 멀리 돌아가거나 길을 잃을 수도 있다.

이러한 혼란을 방지하기 위해 법칙을 찾는 것이 정보 시각화 디자인 분야다. 현재 커뮤니케이션 방법론은 결과물을 만드는 것이 아니라 보편적으로 다수가 공감할 수 있는 규칙 혹은 법칙을 도출하는 연구를 하고 있다. 다시 말해 커뮤니케이션의 목적이 데이터를 얻는 데 있는 것이 아니라, 수많은 데이터로부터 누구나 이해하고 응용할 수 있는 법칙을 찾아내는 데 있는 것이다.

최근에는 디자인 분야에서도 새로운 학문과 결합해 전에 없던 분야를 개척해 나가는 현상이 두드러지게 나타나고 있다. 이러한 변화는 보이는 디자인에 집중하던 과거의 작업 방식에도 변화를 가져왔다. 시각적인 디자인에 치중하기보다는 정보의 구조를 파악하는 것이 좋은 디자인을 결정하는 주요한 단서가 된 것이다. 따라서 여러 분야를 결합한 통섭적인 결과물이 점차 증가하고 있는데 이는 커뮤니케이션 환경이 일차원에서 다차원으로 진화하게 된 계기이기도 하다.

커뮤니케이션 환경이 2D에서 3D, 4D로 변하는 것은 디자인이 점점 다차원적인 경험 디자인으로 확장된다는 의미다. 2D에서 3D 환경으로 활발하게 진입하면서 공간 디자인도 디지털 환경을 이용해 정적인 공간에서 가변적인 공간으로 상황에 따라 공간 개념을 바꾸는 유기적 공간 디자인이 부상할 것이다.

특정 시대, 특정한 상황에서만 통용되는 디자인은 자연스럽게 도태된다. 이제 영상은 현실의 영역을 넘보고 사람을 끌어들일 방법을 고민하고 있다. 기술이 발전할수록 매체는 경계와 역할이 무의미해진다. 이에 따라 커뮤니케이션 활동 역시 기존의 고정관념에서 완전히 벗어나야 한다. 공간과 시간의 경계를 확장하고 인간의 모든 감각을 동원해 커뮤니케이션하는 것. 이것이 트랜스 시대를 맞이하는 커뮤니케이션의 모습이다.

권기정

디지털 콘텐츠의
특별함을 사용자 경험과
연결하다

> "정보에 대한 가치뿐 아니라 정보를 보고 느끼는 감정이 중요해졌다. 콘텐츠를 머리가 아닌 가슴으로 이해시켜야 하고, 그 자체로 하나의 경험이 되도록 해야 한다."

1997년, 홍익대학교 시각디자인과를 졸업한 후, 한국통신의 멀티미디어디자인 부서에서 다양한 통신 서비스의 디자인을 시작했고 15년간 스크린 미디어 관련 커뮤니케이션 디자인을 진행해 오고 있다. 한국통신에서 퇴사한 이후 영국에서 스크린 디자인 분야 대학원 과정을 이수했으며, 일본에 있는 미디어 디자인 기업에서 도요타, 엡손, 와콤, 스바루, 디즈니 재팬 등의 클라이언트와 다양한 스크린 미디어 디자인 프로젝트를 진행했다. 2010년 한국으로 복귀해 글로벌 브랜드 컨설팅 기업과 한겨레 미디어 그룹의 미래 콘텐츠 전략 사업 조직 '디폴리오'의 MXC$^{Media\ eXperience\ \&\ Conversions}$ 디자인 사업부장을 역임한 후 미디어 콘텐츠 커뮤니케이션 디자인 기업 ㈜MixMx를 창업하였다.

01
새로운 시대,
새로운 퍼블리싱 환경의 도래

디지털과 퍼블리싱의 만남

퍼블리싱 업계는 아이폰, 아이패드, 갤럭시탭 등 다양한
스마트 기기의 등장으로 읽기 문화의 변화와 함께 혁신적인
혁명기로 접어들었다. 디지털 퍼블리싱 1세대가 대형
인터넷 서점을 중심으로 대량의 도서 콘텐츠를 효율적으로
디지털화 해 경제성을 확보하는 유통 구조를 의미했다면,
스마트 기기를 통해 새롭게 열리고 있는 디지털 퍼블리싱
2세대는 감성적인 콘텐츠 커뮤니케이션과 창조적인
미디어 융합이 중심이 되었다. 2010년에 등장한 애플의
아이패드는 디지털 퍼블리싱 1세대와 2세대를 구분하는
기준점이자 기존 퍼블리싱 업계의 미래를 가늠하는 새로운

척도가 되었다. 기존의 신문, 잡지, 도서와 같은 콘텐츠가
'책'이라는 형태적 한계를 어떻게 넘어설 것인가에 대해
가장 구체적이며 혁신적인 미래상을 제시했기 때문이다.

지금은 아이패드 미니를 비롯한 다양한 기종의 스마트
기기가 출시되었고, 국내 매거진 및 도서 퍼블리싱 기업을
상대로 '디지털 퍼블리싱'의 구현 방법, 조직, 운영 방안
등의 모든 면이 매뉴얼화되어 있지만, 2010년 당시에
디지털 퍼블리싱 업계는 '혁신적인 가능성'만을 남겨두고
어떠한 방법론이나 접근 방안이 없었던 시기였다. 이러한
환경에서 2011년 발행되었던 〈디지털 씨네21〉은 당시
한국의 정기간행물 분야에서 디지털 매거진의 놀라움과
미래성을 제시한 프로젝트로 알려졌다. 2011년 5월
창간호를 시작으로 디지털 매거진의 주간 발행 공정
시스템이 아직도 지켜지고 있으며, 콘텐츠의 인터랙티브를
구현하고 있는 주간 발행 디지털 매거진의 수가 여전히
드문 것을 볼 때, 〈디지털 씨네21〉은 성공적인 사례로
보인다.

창간 당시의 〈디지털 씨네21〉은 정기간행 콘텐츠를
디지털로 전환하려는 퍼블리싱 업계에 큰 반향을 일으켰다.
오프라인 콘텐츠를 PDF 파일로 만들고 사이즈를 조정하여
'이른바' 아이패드에 '구겨 넣었던' 업계의 흐름 속에서
콘텐츠가 움직이고, 독자의 호기심과 경험을 새롭게

이끄는 디지털 매거진의 등장이었다. 〈디지털 씨네21〉의 모든 면면이 디지털 콘텐츠 시장에 즉각적으로 반영되었다. 특별한 마케팅 활동이 없었음에도 발간 후 곧바로 앱스토어 1위를 장기간 차지했으며 그해 영국에서 열린 제2회 디지털 매거진 어워즈에서 비영어권 매거진으로는 유일하게 수상하는 영광을 누렸다.

〈디지털 씨네21〉은 오프라인 콘텐츠를 얼마나 합리적이면서도 경제적으로 디지털화하느냐에 대한 접근이 아니라 디지털의 속성을 어떻게 영화 콘텐츠와 연결할 것인가에 대한 고민과 조사로부터 시작되었다. 또한 '디지털이란 무엇인가'를 연구한 과정에서 발견한 인사이트는 여전히 디지털 콘텐츠를 다루기 위한 기준점이 되어 계속 진화하고 있다.

※ 본 글에서는 당시 〈디지털 씨네21〉의 크리에이티브 디렉터로서 제작 공정을 총괄했던 권기정 대표로부터, 디지털 매거진의 혁신성 구현을 위해 연구되었던 내용과 인사이트를 소개하고자 한다.

02
소비자가 미디어를 지배하는 디지털 시대

디지털이라는 용어의 새로운 가치

디지털이란 용어는 손가락을 뜻하는 라틴어 디지트^{Digit}에서 파생된 것으로, 특정한 최소 단위 숫자로 정보를 처리하는 방법을 말한다. 그런데 우리의 삶 속에서 디지털은 현대 사회의 기술 및 문화의 진화와 함께 그 의미가 점점 확장되어 새로운 사고방식과 그 사고방식에서 파생된 행동과 경험을 뜻하고 있다.

우리나라에서 디지털이라는 용어를 사용하기 시작한 것은 정확하지 않지만 보편적으로 PC 확산이 시작된 80년대부터였다. 관련 기업이 서비스와 제품의 개념을

대중에게 전달하기 위해 디지털이라는 단어를 적극적으로
사용하기 시작한 것이다. 그러나 현대와 같은 모바일,
인터넷 생태계가 존재하지 않았던 1980~90년대에서
디지털이란 새롭게 등장한 하나의 '신기술' 혹은 '반도체'
혹은 '컴퓨팅 테크놀로지와 관련된 그 무엇'이라는 추상적
개념이었다.

특정한 시대에서 발생한 새로운 개념을 설명하기 위해
생겨난 신조어는 시대의 흐름에 따라 그 사용 빈도가
적어지거나 새로운 용어로 교체되는 것이 일반적이나
30년이 지난 지금 우리는 디지털이란 용어를 더욱
적극적으로 사용하고 있고 여전히 트렌드로 자리하고
있다. 디지털이라는 개념에 대하여 대중이 전혀 피로감을
느끼지 않는 것은 그 의미가 계속 변화하고 확대되고 있기
때문이다.

사회를 변화시키는 디지털

사회적으로 강력한 소통의 시대가 도래하면서 디지털은 관습, 문화, 정치를 변화시키는 핵심으로 부상하고 있다. 2010년을 기점으로 전 세계에서 발생하고 있는 사회 변화와 관련된 현상을 살펴보면 그 중심에는 '대중의 소통'이 있으며 그 소통을 이끌어내는 '디지털 환경'이 존재한다. 따라서 '소통'과 '환경'이 여론의 중심이 되는 과정을 살펴보면 디지털의 중요한 속성을 예측할 수 있다.

디지털의 세 가지 속성 | 해방감, 재미, 휘발성

해방감과 재미는 디지털의 핵심 속성으로 이는 디지털의 의미가 시간에 퇴색되지 않고 미래지향적으로 받아들여지는 이유이기도 하다. 물론 디지털과 관련된 다양한 서비스가 계속 진화하는 환경적인 요인도 있지만 근본적인 이유는 해방감과 재미라는 디지털의 두 가지 속성이 젊은 세대에게 어필하고 있기 때문이며 새로운 세대가 등장할수록 이 점은 더욱 강력하게 작동하고 있다.

디지털의 속성 | 하나, 해방감

2011년 10월, 미국 월스트리트에서 발생한 시위 '월가시위 Occupy Wall Street'는 디지털에서 해방감이라는 속성이 사회와 대중에 어떤 영향을 미치는지 보여 준 대표적인 예라 할 수 있다. 이 시위는 신자유주의와 불합리한 분배에 관한 대중의 분노를 담고 있지만, 월스트리트가 세계 금융의 수도로서 100년 이상 부를 축적해 온 대표적인 지역이었고 부의 분배가 상대적으로 평등했던 적이 없었음에도 불구하고, 대중의 분노가 2011년에서야 표출되었다는 것은 대중을 둘러싼 환경에 원인이 있었을 가능성이 크다.

이 시위는 캐나다의 반소비지상주의 잡지인 〈애드버스터즈〉가 미국 금융의 중심지인 월스트리트에서 행진을 시도하며 대중의 참여를 호소했고, 트위터를 통해 급속하게 퍼져 나갔다. 2011년 9월 17일, 월스트리트에서 30여 명으로 시작한 시위가 미국을 비롯한 전 세계의 대중으로부터 공감을 얻기까지는 단 2주의 시간이 걸렸다. 이러한 확산과 공감의 중심에는 디지털 환경에서 탄생한 SNS와 즉각적으로 개인의 의견을 표현할 수 있었던 모바일 기기가 있었다.

과거에도 '불합리한 부의 분배'에 대해서 대중이 책과 신문, 방송을 통해 충분히 인지하고 있었음에도 적극적인 행동을 하지 못한 이유는 나 아닌 다른 사람도 함께 공감하고 있다는 확신이 없었기 때문이다. 이와 비교하여 오늘날의 대중은 자신이 가지고 있는 모바일 기기를 통해 언제 어디서나 원하는 정보에 접근할 수 있고, 공감대를 형성한 정보는 네트워크를 타고 빠른 속도로 전 세계로 퍼져 나간다.

월가시위는 스마트폰을 활용해 감정을 자유롭게 공유하는 젊은 세대가 주축이 되었고 그 공감의 네트워크는 이제까지 불가능하게만 여겨졌던 미국 금융 조직의 권위에 대한 저항을 이끌어 냈다. 실제로 이 시위가 바람직한 결과를 가져왔는지에 대한 평가는 아직도 진행 중이지만, 전 세계의 대중이 불합리한 부의 분배를 상징하는 '99:1'이라는 슬로건에 공감하고 행동한 것은 해방감이라는 디지털의 속성이 이 사회에 얼마나 강력하게 작용하는지 보여 준다.

디지털의 속성 | 둘, 재미

디지털의 해방감은 과거의 전통 매체인 책과 신문, 방송이 전달하는 지적 해방감과는 다른 특성이 있다. 보다 즉흥적이고, 위트와 비판이 가미된 재미의 속성을 통해 대중을 흥분시켜 정보를 빨리 퍼져 나가게 한다. 재미라는 디지털의 속성은 대중의 참여를 끌어내는 큰 에너지원으로 작용하는 것이다.

2011년 서울시장 보궐선거는 대중이 디지털의 공격적인
재미 속성에 얼마나 크게 반응하는지를 보여 주는 좋은
예다. 당시 이 선거는 정치적 무게감보다 정치와 관련된
즉흥적 분석과 제도권 방송 매체에서는 불가능한 공격적
유머를 구사한 팟캐스트 〈나는 꼼수다〉에 이목이 쏠렸다.
〈나는 꼼수다〉는 모바일 기기를 통해 누구나 자유롭게
다운로드할 수 있는 디지털 콘텐츠였고 2011년 서울시장
보궐선거를 앞두고 사회적 신드롬을 일으켰다. 대중은
한 번도 경험하지 못했던 새로운 형태의 정치 평론과
정당에 관한 파격적이고 수위 높은 유머에 열광했다. 기존
미디어에서 주를 이루던 무겁고 어려운 정치 평론과 달리
즉흥적이고 선정적인 재미로 가득 찼던 〈나는 꼼수다〉는
사람들 사이에 급속하게 퍼졌으며, 결국 선거에 막대한
영향력을 행사했다.

당시 〈나는 꼼수다〉가 발표한 자료에 따르면 프로그램
서버를 통해 집계한 청취 횟수가 회당 600만 건, 한
달에 네 차례 방송한 것을 기준으로 하면 2,000여 만 건
정도였다. 이는 아이폰이나 안드로이드폰, 혹은 PC에서
다운로드하거나 혹은 스트리밍 방식으로 청취를 시도한
횟수였다. 〈나는 꼼수다〉가 나오기 전 〈손석희의 시선집중〉
등을 앞세워 팟캐스트 부문을 선점한 MBC의 모든 라디오
프로그램이 디지털 기기를 통해 청취하는 횟수가 한 달
평균 1,000만 건 수준이었던 사실과 비교하면 대한민국의

어떤 방송 프로그램도 당시 〈나는 꼼수다〉의 인기와
영향력에 미치지 못했음을 알 수 있다.

디지털의 속성 | 셋, 휘발성

해방감과 재미라는 디지털의 속성은 보수적인 사회에서
기존의 커뮤니케이션 문법 구조를 깨고 극복할 수 있는
커다란 가능성을 시사하지만, 모든 디지털 서비스가 사회를
뒤집고 개혁을 이루는 것은 아니다.

디지털이 변화를 지속할 수 없는 요인은 디지털의 속성 중에
순간적인 휘발성이 있기 때문이다. 휘발성은 일회적이고
단편적인 디지털의 단점을 잘 표현하고 있다. 디지털은
사회를 바꾸는 시작점이 될 수는 있지만 이슈를 지속해서
만들어 낼 가능성은 아주 낮다. 그저 눈에 잠깐 보이고
사라지는 신기루와 같은 속성을 지니기 때문에 디지털과
관련된 콘텐츠, 정보를 기획할 때에는 디지털의 일회적이고
순간적인 특성을 염두에 두어야 한다.

03
디지털 미디어 커뮤니케이션을 위한 환경 고찰

디지털 서비스의 지향점

현대사회에서 디지털은 다양한 서비스로 구현되어 대중에게 제공된다. 자동차, 핸드폰, TV 등 일상적인 제품부터 온라인 쇼핑, 전자도서관, VOD등의 정보 서비스까지 디지털 개념이 도입되지 않은 분야는 거의 없다. 이러한 디지털 제품과 서비스를 제시하는 기업이 지향하는 바는 두 가지로 정리할 수 있다.

성공적인 디지털 기업의 서비스 본질이 '대중의 삶과 경험의 개선'이라는 것은 그들의 브랜드 슬로건에서 잘 나타난다. 각 기업의 슬로건이 선택하고 있는 어휘는 저마다 다르지만

| 디지털 서비스의 전략적 지향점 |

"우리가 제공하는 서비스를 통해 고객은 새로운 경험을 하고 삶이 변하는 것을 느끼게 될 것"이라는 공통의 메시지를 담고 있다.

이와 같이 디지털 서비스가 대중의 '삶'과 '경험'에 집중하는 이유는 90년대부터 지속적으로 이루어진 디지털화 작업에 가장 큰 영향을 받은 포스트 디지털 세대가 대중의 중심이 되었기 때문이다. 포스트 디지털 세대는 1980년에서 1991년 사이에 태어나 지금 20대 중반에서 30대 중반에 해당하는 집단이다. 또한 포스트 디지털 세대는 핵심 소비층으로 부상하고 있어 대중의 기호를 결정하는 오피니언 리더로 사회적 지위를 확보해 나가고 있다.

전 세계적으로 인터넷이 보급되던 시기가 포스트 디지털 세대에게는 초등교육을 받고 있던 때와 맞물린다. 따라서 제일기획은 브랜드마케팅연구소를 통해 이미 2005년에

> **H.E.A.R.T.S.**
>
> **H**uman Relationship : 인간관계를 위한 디지털
> **E**xpressionism : 표현을 위한 디지털
> **A**nti-literality : 시각적 라이프 스타일
> **R**elaxed Mindset : 낙천적 라이프 스타일
> **T**rend-independence : 트렌드의 주체적 수용
> **S**peed : 즉시성

'포스트 디지털 세대 보고서'를 발표했다. 이 보고서에는 H.E.A.R.T.S.라는 핵심 코드를 제시한 바 있다. H는 인간관계를 위한 디지털, E는 표현을 위한 디지털, A는 시각적 라이프 스타일, R은 낙천적 라이프 스타일, T는 트렌드의 주체적 수용, S는 즉시성을 의미한다. H.E.A.R.T.S.는 소비의 중심 세대로 부상하고 있는 포스트 디지털 세대가 선호하는 '삶'과 '경험'이 무엇인지 보여 준다.

이 세대가 소비의 주축을 넘어 사회의 주축으로 이동할 것을 예상한다면 디지털 기업이 포스트 디지털 세대의 삶과 경험을 위해 지속적이고 일관된 메시지를 보내는 것은 매우 중요한 일이다.

04
새로운 형식의 콘텐츠 디자인 :
디지털 매거진, 디지털 퍼블리싱

디지털 퍼블리싱 디자인의 국내 환경

한국의 스마트 기기의 이용자 수는 2012년 중반
3,000만 명을 돌파했으며, 디지털 퍼블리싱 분야는 LTE,
클라우드와 같은 새로운 기술과 융합하면서 더욱 큰
영역으로 확장되고 있다. 네트워크 환경의 급속한 발전으로
콘텐츠 다운로드에 관한 심리적 장벽이 낮아지면서,
대중은 언제 어디서나 콘텐츠를 향유할 수 있는 시대에
살고 있다.

디지털 퍼블리싱이란 기존 정보산업의 콘텐츠가 디지털로
전환되거나 생산되어 소비자에게 제공되는 일련의 과정을

의미하며 현시대의 신문, 잡지, 단행본 콘텐츠를 기획할 때 반드시 다루어야 하는 중요한 개념이 되었다.

그러나 한국의 디지털 매거진, 퍼블리싱과 관련된 산업 분야는 기존 정보산업의 콘텐츠를 디지털로 전환해 유통하는 과정, 이른바 콘텐츠를 돈으로 치환할 수 있는 과정만 중요할 뿐, 디지털 환경이 갖고 있는 속성과 문화를 담는 과정으로 접근하지 않았다. 디지털 퍼블리싱과 관련된 비즈니스 모델은 무수히 발표되었으나 오프라인 콘텐츠를 대량으로 전환하는 경제성만을 우선시했을 뿐 디지털 퍼블리싱이 지향해야 할 문화적 가치와 디지털 커뮤니케이션 방식의 융합적 속성에 관한 연구는 미미했다. 이는 디지털의 근본적인 속성을 연구하고 미래의 혁신적인 커뮤니케이션을 계속해서 제안하는 해외 시장과는 매우 동떨어진 현상이었다.

디지털 퍼블리싱의 디자인 개념: 콘텐츠 적층 구조

전통 미디어의 커뮤니케이션 디자인과 스마트 기기 환경을 위한 커뮤니케이션 디자인의 지향점에는 큰 차이가 있다. 물리적으로 고정된 여백에 정보를 배열하는 기존의 타이포그래피, 그리드 시스템, 레이아웃으로는 콘텐츠의 커뮤니케이션 구조를 입체적이면서 감성적으로 구성해야 하는 디지털 퍼블리싱을 디자인할 수 없다. 아이패드와

| 콘텐츠 적층 구조 |

같은 스마트 기기가 콘텐츠 커뮤니케이션의 진보를 이끌어
내고 있는 것은 콘텐츠를 단지 제한된 화소 공간에
재배열하는 것에 그치지 않고 있기 때문이다. 스마트
기기에서는 스크린에 무한히 중첩된 콘텐츠 구조가
가능하고, 그 안에서 사용자가 원하는 정보의 탐색과
공유가 발생한다. 디지털 퍼블리싱 디자인은 이러한 디지털
독자의 활동을 예상해 콘텐츠의 적층 구조를 구축하는
과정이다.

디지털 퍼블리싱 디자인은 디지털 기기의 제한된 해상도
안에서 콘텐츠 커뮤니케이션 구조를 만들어 내는 것이
아니다. 디지털 기기를 무한히 쌓여 있는 콘텐츠를
들여다보는 하나의 창 Window 으로 인식하는 것에서부터
시작해야 한다. 이 창과 연결되는 콘텐츠 월드 Contents World 의
구조를 설계할 때 이론적 타당성과 미래 혁신에 관한
크리에이티브 전략을 구축하는 것이 디지털 퍼블리싱
디자인의 첫 번째 방향성이다.

디지털 퍼블리싱 디자인의 방법론: 디자인 융합의 필요성

디지털 퍼블리싱 디자인 개념은 콘텐츠 적층 구조 설계를 위한 미디어 인포메이션 분야라고 할 수 있다. 그런데 정작 이 분야의 실무 조직은 편집 디자인 인력의 확장 형태로 이루어져 있는데 국내 미디어 그룹의 디지털 퍼블리싱 총괄 리더가 상당 부분 편집 디자이너 출신이라는 점이 그 근거다. 이러한 조직 구조는 해당 미디어 그룹이 생산하는 디지털 퍼블리싱 서비스가 매우 제한적인 형태와 커뮤니케이션 방식이 될 수밖에 없는 이유이기도 하다.

콘텐츠 적층 구조를 디자인하기 위해서는 전통 커뮤니케이션 디자인 방식의 병렬적 정보 배열이 아니라 정보가 화학적으로 융합하는 것과 같은 전략과 연출이 필요하다. 디지털 퍼블리싱 디자인에서 융합을 통한 복합성이 필요한 이유는 디지털 콘텐츠를 소비하는 사용자의 커뮤니케이션 방식 때문이다. 디지털 퍼블리싱 커뮤니케이션은 기존 콘텐츠의 형태적 전환이 아니라 사용자에게 콘텐츠를 새로운 방식으로 즐기는 경험을 제공해야 한다. 이를 통해 사용자는 우월감, 특별한 존재감, 콘텐츠에 대한 애착을 갖게 되고 이를 자신의 삶에 반영해 자연스러운 공유가 일어난다. 이러한 과정을 통해 향상된 콘텐츠 가치는 디지털 마켓에서 강력한 리더십을 확보하게 된다.

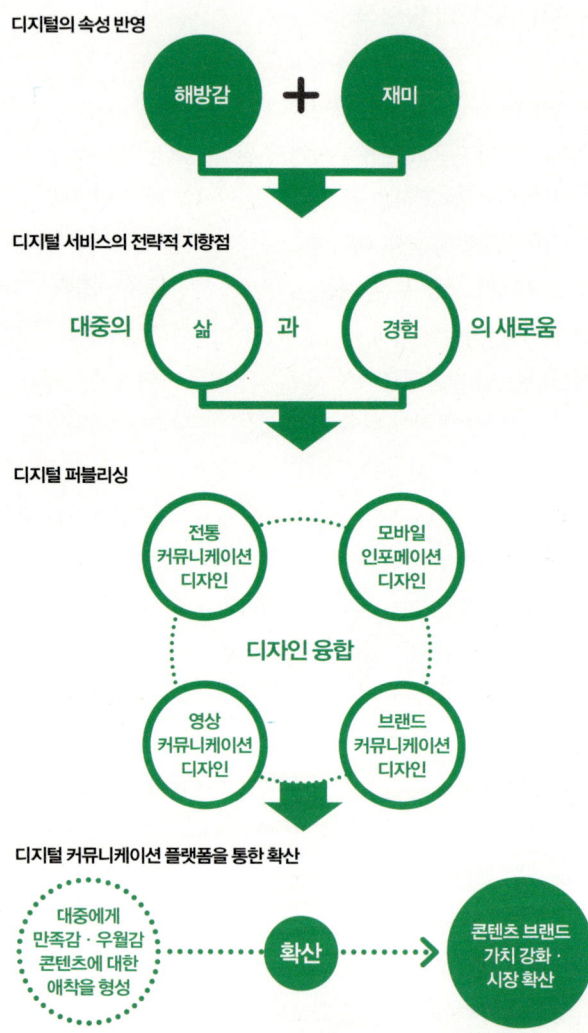

디지털 시대의 독자에게 새로운 경험을 제공하는 콘텐츠를
만들기 위해서는 현재 디지털 기기가 지원하는 기술과
관련된 디자인 분야와의 융합이 필요하다. 이 분야에
필요한 디자인은 '전통 커뮤니케이션 디자인', '모바일
인포메이션 디자인', '영상 커뮤니케이션 디자인', '브랜드
커뮤니케이션 디자인'으로 규정할 수 있다.

디지털 퍼블리싱이 전달해야 하는 커뮤니케이션 요소

디지털 퍼블리싱 콘텐츠가 오프라인 콘텐츠와 차별성을 가지고 미디어 융합적인 형태로 발전하기 위한 커뮤니케이션 요소는 다음과 같이 정의할 수 있다.

| 디지털 퍼블리싱 콘텐츠의 요소 |

콘텐츠 브랜드 아이덴티티

다양한 미디어 정보를 복합적으로 구성해야 하는 디지털 퍼블리싱 커뮤니케이션 디자인은 독자에게 전달되는 최종 콘텐츠 이미지에 관한 브랜드 전략이 있어야 한다. 이러한 콘텐츠 형식에 관한 규정 없이는 새로운 콘텐츠 경험이 아닌, 혼란스러운 정보 집합체에 불과할 수도 있다. 콘텐츠 브랜드 아이덴티티를 연출하는 요소로는 제호 및 타이틀의 모션 로고, 콘텐츠 적층 구조를 안내하는 UX^{User Experience}/UI^{User Interface} 시스템, 디지털 정기간행물의 경우 라이브러리의 형태, 콘텐츠 제공 기업의 모션 CI 등이 있다.

UX
컴퓨터나 모바일 기기를 주로 활용하는 사용자가 편리하게 이용할 수 있는 환경을 설계하는 활동과 그 결과물을 모두 통칭하여 사용한다.

UI
컴퓨터 시스템은 물론 제품과 각종 서비스를 체험하면서 사용자가 직간접적으로 느끼고 생각하게 되는 지각과 행동을 포괄하는 경험을 말한다.

디지털 콘텐츠 특화성

디지털 콘텐츠 특화성은 스마트 기기에서 구동이 가능한 다양한 미디어 연동 기술과 관련해 전략을 세울 수 있다는 점이다. 예를 들어 특정 장소에 관한 콘텐츠를 디지털화할 경우, 구글의 지도 검색 기능을 연동해 디지털 콘텐츠의 특성을 살릴 수 있다. 또한 새로 나온 서적에 관한 콘텐츠에는 직접 그 서적을 구입할 수 있는 구매 사이트와 연결하는 방법도 있다. 이러한 콘텐츠 특화성은 빠른 속도로 강화되는 스마트 기기의 미디어 기술과 연동해 디지털 콘텐츠를 더욱 매력적으로 만드는 핵심 요소가 될 수 있다.

디지털 엑스트라

디지털 엑스트라는 기존 도서 형태에서는 구현할 수 없는 동영상, 멀티미디어 콘텐츠 등을 함께 구축하는 것으로 디지털 퍼블리싱 콘텐츠의 커뮤니케이션 채널을 복합적으로 만드는 요소이다. 인물 소개 콘텐츠와 연동한 인터뷰 동영상, 음반 소개 콘텐츠와 연동한 미리 듣기 기능, 전시 이벤트 콘텐츠와 연동한 현장 동영상 등을 예로 들 수 있다.

05
진화하는 디지털 퍼블리싱의 미래

새로운 디지털 시대를 기대하며

아이패드가 등장한 지 3년이 지났다. 지난 3년 동안 디지털 퍼블리싱 환경은 계속 진화하고 있다. 특히 안드로이드의 약진은 새로운 시장 구조와 콘텐츠 제작 방법을 만들어 내고 있다. 디지털 퍼블리싱 2.0 시대에는 핵심 미디어가 애플의 iOS 계열이었다면, 안드로이드 기반의 기기 확산은 디지털 퍼블리싱 3.0 시대를 알리는 중요한 사안이다. 콘텐츠의 감성적 디자인이 2.0 시대의 화두였다면 3.0 시대의 핵심은 '프레임^{Frame}'이 될 것이다. 다양한 스마트 기종에서 콘텐츠가 다르게 보이는 것은 눈에 보이지 않는 프레임의 힘이다. 이에 관한 인사이트가 새로운 디지털 크리에이티브 시장으로 연결되기를 기대한다.

여준영

PR을 위한 유기적 통합 체계를 구축하다

> "
> 새로운 분야로 옮겨갈 때 그 일에 대해서 아무것도 모르는 사람이 되어서는 안 된다. 무작정 밑바닥부터 시도하는 것이 아니라 사전에 지식을 충전하고 시작해야 한다.
> "

서울 출신으로 연세대학교 응용통계학과를 졸업했다. 1994년부터 1999년까지 코오롱그룹 기획조정실에서 근무했다. 2000년에 프레인을 창업하고 다섯 개의 계열사를 설립하며 국내 1위 PR 회사로 키웠다. 2005년, 프레인을 전문 경영인에게 맡기고 신사업을 맡아 퓨어아레나 등 외식업과 영화 배급사 프레인무비, 매니지먼트사인 프레인TPC 등을 차례로 론칭했다. 프레인TPC에는 현재 류승룡, 문정희, 오상진, 문지애, 양익준 감독 등 다양한 아티스트가 소속되어 있다. 2010년부터는 실력 있는 작은 회사에 투자하기 시작해 현재 스티키몬스터랩, 매터앤드매터, 패스트트랙아시아 등 다양한 회사의 주주로 있다. 2014년에는 영화 2편을 직접 제작할 계획이다.

01
PR과 마케팅, 그리고 브랜드 환경의 변화

PR을 정의한다는 것

PR 산업은 오랜 역사에도 불구하고 PR 산업에 종사하는 사람마저도 본인이 하는 일을 설명하는 것이 어렵다고 말한다. 이렇게 생각하면 어떨까 한다. 이 세상에 존재하는 대부분의 산업은 제품을 만들고, 팔고, 홍보하는 세 가지 방식으로 되어있다. 이 세 가지 축에서 존재를 알리는 활동을 'PR'이라 생각하면 된다. 알리는 것. 이것은 포괄적인 개념으로 모든 것의 '원천 기술'을 의미한다.

약 4~5년 전만 해도 PR 회사는 언론사를 관리하는 위주의 일을 맡았다. 무슨 일이 생기거나 신제품이 개발되면

그에 맞는 보도 자료를 작성하여 기자를 만나는 일이 중요했다. 그러나 이제는 소비자가 더 중요해졌고, SNS와 같은 새로운 미디어가 등장했기 때문에 변화한 환경에 맞는 PR을 해야 한다. SNS의 등장은 PR을 위한 브랜드 활동에도 큰 변화를 가져왔다. 지금은 브랜드의 모든 활동이 소비자와의 인터랙션으로 나타나기 때문에 좋은 브랜드 이미지를 유지하기 위한 노력이 많아졌고 복잡하게 변화하고 있다. 사회적으로 좋은 일을 하면 잠깐 착한 브랜드처럼 보이다가도 한 번의 실수로 좋은 이미지가 모두 사라지기도 한다. 그만큼 기업에 대한 충성도가 유지되기 어려운 환경이 된 것이다.

나비효과가 빈번한 PR 산업의 도래

오늘날의 브랜드 환경은 '나비효과'에 빗대어 설명할 수 있다. 아마존 정글에서는 나비의 날갯짓이 얼마 지나지 않아 미국 텍사스 주에 폭풍우를 일으킬 수 있다는 나비효과가 수시로 일어나는 것이 현실이다. 10년 전 기업 마케팅 환경에서는 나비효과와 같은 일은 존재하지 않았다. 대기업이 많은 자본을 들여서 진행한 마케팅은 성공 사례가 되고, 작은 기업의 기발한 아이디어는 설득력을 갖지 못했다. 그러나 현재 마케팅 분야에는 긍정적인 나비효과가 가능해졌다. 작은 브랜드가 목소리를 내고, 그 목소리가 소비자에게 자본을 거치지 않고도 전달될 수 있는 가능성이 존재한다. 브랜드를 이야기하는 목소리가 많아져서 인지도와 상관없이 모든 브랜드가 치열한 경쟁에 뛰어들게 되었다.

가수 싸이도 이러한 나비효과의 예라 할 수 있다. 싸이의 뮤직비디오를 유튜브에 포스팅한 작은 행동이 이 엄청난 파급 효과를 불러일으켰다. 이처럼 요즘에는 SNS를 통해서 시공간을 초월해 전 세계적으로 일어나는 마케팅 사례들을 접할 수 있다. 이러한 변화의 흐름은 자연스럽게 스케일이 작은 회사도 충분히 살아남을 수 있는 환경을 만들었고 이는 과거의 마케팅 환경에 존재하지 않았던 매우 큰 변화라 할 수 있다.

미디어의 발전으로 환경이 변화하자 최근에 외국의 유명한
PR 회사 오너는 트위터, 페이스북과 같은 SNS도 중요한
창구라고 언급하면서, "우리는 PR 회사가 아니다."라고
이야기했다. 그러나 역으로 생각해 보면, 이제야 PR 회사가
제대로 활약하는 시대가 온 것이라고 해석할 수 있다.
PR 회사의 본질은 '알리는 것'이기 때문에 알리는 도구인
미디어가 바뀐다고 해도 본질은 변하지 않는다.

즉, 미디어의 변화에 따라 PR과 관련된 일이 바뀌는 것은
아니라는 말이다. 사람들은 미디어가 바뀌면 PR 회사의
일도 재정의해야 한다고 생각한다. 그러나 PR 회사의
본질에 대해 제대로 인지하는 것이 PR 회사의 경쟁력이다.

02
영역을 넘나드는 커뮤니케이션 활동들

프레인, 플랫폼 회사로 나아가다

2000년에 프레인^{Prain}을 창업했다. 프레인은 PR 활동에 '머리^{Brain}'를 더한다는 뜻으로 'PR도 머리를 써야 한다'는 뜻을 갖고 있다. 설립 당시 함께 했던 직원은 2명이었지만 약 10년간 괄목할 만한 성장을 했다. 5년 만에 연 매출 100억 원, 직원 150여 명의 PR 회사가 되어 세상에 존재감을 알렸으며 연 매출 250억 원에 국내 1위, 아시아 5위의 프레인컨설팅그룹$^{Prain\ Consulting\ Group}$으로 성장했다. 현재 광고, 디자인, 모바일 솔루션 전문 회사와 전략연구소 등을 포함해 6개의 계열사를 보유하고 있다. 전 계열사를 포함해 30대 임원이 80퍼센트가 넘는 젊은 기업인 프레인은 비록 사소하더라도 즐겁게 일할 수 있는 직장 문화를 만들려고 했고, 이것이 오늘의 성장을 이룬 비결이라 생각한다.

프레인의 창업자이자 현재는 대주주로서 2005년부터 프레인 경영을 전문 경영인에게 맡기고, 새로운 비즈니스를 시작했다. 엄밀히 말해 PR 산업이 아닌 일들을 시도하고 있다. 예를 들어 배우 매니지먼트, 식당, 영화 배급 등이 그렇다. 하지만 부업 같아 보였던 일이 사실 PR 산업과 무관하지 않았다. 프레인을 포함한 모든 PR 회사의 본질은 알리는 것이며 미디어 환경의 변화에 따라 이를 표현하는 미디어가 다양해질 뿐 PR의 본질이 바뀌는 것은 아니다. 프레인은 PR 회사가 하는 본질적인 일이자 잘 할 수 있는 일을 하기 위해 다양한 시도를 전개하고 있으며, 이것은 곧 프레인만의 경쟁력이 되었다.

예전에 프레인의 미래를 나타내는 그림을 그린 적이 있다. 나사를 꽂을 수 있는 여러 가지 유닛이 있는 원을 그리고 거기에 나사를 하나, 둘 꽂아 나가겠다는 의지를 표현했다. 회사라기보다는 유연한 구조를 지향하며 새로운 일을 진행할 때 하나씩 붙여가는 것이다.

2005년 대표를 그만두며 마지막 임원 워크숍에서 향후의 포부를 말했다. 사람들은 PR 회사 매출에는 한계가 있다고 했지만, 콘텐츠를 분업할 수 있는 자생적인 힘을 갖게 된다면 PR 회사가 주체적으로 할 수 있는 일들은 얼마든지 늘어날 수 있다고 생각했다.

프레인은 PR의 본질을 실행하는 플랫폼 회사다. 프레인은 '새로운 것을 새롭지 않게 받아들일 수 있는 것', '있는 것을 다르게 하는 것', '가치 있는 것을 더 가치 있게 만드는 것' 등 프레인이 갖고 있는 장점을 통해 남들이 생각할 수 없고 짧은 시간에 흉내 낼 수 없는 것을 찾기 위해 새로운 관점에서 일을 시도하며, 더 나아가 상품에 문화를 입히는 일을 추구하고 있다.

희소성의 철학과 개인적인 작업들

기존의 PR 활동에서는 제품 샘플 배포를 당연한 것으로 여겼다. 새로운 제품이 나오면 기자에게 제품 샘플을 선물로 주는 것이 하나의 홍보 과정이었다. 그러나 애플은 달랐다. 한국 시장에 처음 선보였던 아이팟은 물량이 부족했기 때문에 제품 샘플 배포가 불가능했으며, 모든 사람이 제품을 기다렸다가 돈을 내고 사는 것이 당연했다. 지금도 신제품이 출시되면 샘플을 만들어 나눠 주는 일이 빈번하게 일어나고 있지만, 제품을 기다리도록 만드는 애플의 새로운 방침은 오히려 제품에 대한 매력도를 높이는 결과를 가져왔다. 이러한 마케팅 방식을 '디마케팅Demarketing'이라 한다.

디마케팅은 수요가 공급을 초과할 때 가능하다. 물론 기술적으로 많이 팔리는 것처럼 보이기 위해 이용하는 경우도 있을 것이다. 예를 들어 어떤 식당이 일부러 장사가 잘 되는 것처럼 보이게 하려고 바깥에 일부러 줄을 세운다면 이 또한 일종의 디마케팅이다. 줄을 서 있기 때문에 사람들이 들어오지 못하고 매출이 오히려 떨어지더라도 이런 홍보 방법을 택한 것은 브랜딩을 하기 위함이다. 보험이나 홈쇼핑 광고를 보면 "우리 물건을 사 주세요."라는 메시지를 강하게 어필하며 수량이 몇 개 남지 않았다고 설득하며 소비자를 유혹한다. 그러나 디마케팅은

"당신이 사든지 말든지 우리 물건 살 사람은 많아요."라는 입장이다. 역설적으로 말하면 브랜드에 기대지 않겠다는 얘기다. '본질'에 자신 있을 때 디마케팅이 가능한 것이다.

프레인에서 처음 디마케팅을 시도한 것은 가방이었다. 노트북 가방을 사려고 돌아다니다가 마음에 드는 것이 없어 직접 만들기 시작했고 완판을 기록했다. 마케팅이 필요 없는 제품을 만들고자 했고 수량이 적었기 때문에 저절로 디마케팅 효과가 생겼다. 물론 수량이 많아도 수요가 더 많아서 디마케팅 효과가 발생하는 경우도 있다. 어떠한 경우에도 디마케팅은 수요가 공급을 초과할 때 가능하며 우선 제품 자체가 좋아야 인위적인 브랜드에 기대지 않을 수 있다.

소중한 직원들을 위해 헌정한
파스타 프로젝트와 PR 슈트 프로젝트

여성 직원이 압도적으로 많은 프레인은 여성 직원을 위해 무엇을 할 수 있을지 고민하다가 구두를 제작하게 되었다. 편하면서도 매력적인 구두를 신고 싶은 여성의 심리를 반영하고 '3W$^{Walking, Working, Women}$'에 충실한 구두를 만들기 위해 구두 디자이너, 스타일리스트와 협력했다. 최고의 가죽을 사용한 첫 번째 구두의 이름은 '펜네'였다. 뾰족한 앞 코가

꼭 파스타 종류인 '펜네'와 닮았기 때문이었다.

파스타의 종류는 3백여 개가 넘었는데 그중 몇몇은 놀랍게도 구두의 모양을 닮아 있었다. 처음 만든 구두는 뾰족한 펜네를 닮아서 펜네 라인으로 이름을 붙였고 이후에 끈이 달린 구두와 나비 리본이 달린 단화 라인으로 확장하면서 '파스타 프로젝트'가 탄생했다. 단화에 나비 리본을 붙인 구두는 나비 모양을 닮은 파스타인 '파르팔레'라는 이름을, 끈이 달린 구두는 가느다란 끈과 비슷하게 생긴 '카펠리니'라고 이름 붙였다. 이렇게 탄생한 구두는 3월 14일 화이트데이에 여직원들에게 전달됐다. "세상에서 가장 편하고 섹시한 여자 구두를 만들었습니다. 그리고 그 구두를 무릎 꿇고 바칩니다."라는 편지와 함께.

일반적으로 홍보 대행사는 여성 직원이 압도적으로 많다. 프레인 역시 남성 직원이 전체의 20%에도 미치지 못했다. 그렇다 보니 일부 남자 직원은 적응하지 못하고 퇴사하는 경우가 종종 있었다. 'PR 슈트 프로젝트'는 이를 해결하기 위한 하나의 대안이었다. 80만 원대의 특별 정장 60벌을 4계절용 슈트로 제작했다. 단추 하나부터 안주머니의 위치까지 세심하게 결정했다. 프레인과 제일모직의 로가디스가 손잡고 만든 이 슈트의 이름은 프레인의 'P'와 로가디스의 'R'을 결합해 'PR 슈트'라고 지었다. 'Passion & Fashion of Prain & Rogatis'라는 슬로건으로 50벌은 프레인의 남성 직원에게 헌정했고, 나머지 10벌은 광화문 사옥 앞 팝업 스토어에서 한정 판매했다.

회사 안에서 만나는 낭만, 퓨어아레나

프레인 직원을 위해 시작한 또 하나의 프로젝트가 있다. 퓨어아레나Pure Arena라는 이름의 구내식당을 만드는 것이었다. 프레인이 직접 운영하는 이 구내식당은 외부인도 이용할 수 있고 밥과 술, 커피를 모두 즐길 수 있는 공간으로 구성되었다. 퓨어아레나라는 이름은 영화 〈비포 선셋〉과 〈비포 선라이즈〉에서 가져왔다. 영화 〈비포 선셋〉의 남녀

퓨어아레나의
리퀴드 로고

주인공이 낮에 만나서 커피를 마시던 카페의 이름인 퓨어와 영화 〈비포 선라이즈〉에서 남녀 주인공이 밤에 맥주를 마시던 공간인 아레나를 합쳐서 만들었다. 프레인 본사 1층에 위치한 이 공간은 지역의 새로운 명소로 자리 잡고 있으며 다양한 이벤트가 개최되고 프레인이 협업한 브랜드와 아티스트의 한정 제품이 판매되는 등 여러 가지 방향으로 활용되고 있다.

부업처럼 시작한 새로운 활동들

다양한 프로젝트를 하면서 프레인이 확인한 것은 새로운 요소를 추가하면서 성공 가능성을 높이는 비즈니스 플랫폼의 역할이다. 효과적인 비즈니스 플랫폼을 수립한 회사는 아무리 새로운 요소가 추가되어도 영역을 확장하며 성장할 수 있는 원천 기술을 갖게 되는 것이다.

프레인이 영화 산업에 진출할 때, "PR 회사가 웬 영화냐?"라고 주변에서는 말했지만 PR과 영화는 전혀 다른 성질의 것이 아니다. 영화 산업은 창작물을 많은 사람이 보게 하는 비즈니스이고 영화 안에는 PPL, 기업 투자자 등 마케팅 요소가 많이 들어 있기 때문이다. 프레인이 하는 일과 무관하지 않은 것이다. 이러한 이유로 오래전부터 영화와 엔터테인먼트 쪽과 관련된 일을 구상해 왔다. 프레인만의 영화가 있고 배우가 있다면 클라이언트와 연관된 일을 찾아 새로운 비즈니스 기회를 창출할 가능성이 생길 것이라 믿었다.

스토리텔링에 집중한 마케팅, 영화 산업의 시작

영화 산업에 진출할 당시 영화로 돈을 벌겠다는 생각은 전혀 없었다. 규모가 큰 영화사는 이미 존재하고 있었고 프레인은 기존의 영화사가 취급하지 않지만 콘텐츠가 뛰어난 영화를 찾기 위해 노력했다. 특히 영화 〈50/50〉은 프레인의 이름을 걸고 투자한 첫 영화이기 때문에 더욱 콘텐츠에 주력했다. 영화 〈50/50〉은 생존율이 50퍼센트인 척추암에 걸린 주인공이 병을 계기로 일탈과 변화를 경험하며, 오히려 죽음의 가능성 50퍼센트가 아닌 변화된 삶의 50퍼센트를 보여 준다. 영화의 진정성을 강조하기 위해 TV, 신문, 포털 사이트 광고를 하지 않는 대신 스토리를 알리는 데 주안점을 두었다. 트레일러, 포스터는 원작을 거의 수정하지 않았다. 대신 보고 싶은 영화이자 기억하고 싶은 영화로 브랜딩하기 위해 영화 〈50/50〉을 상징적으로 표현할 수 있는 제품을 만들었고, 직접 쓴 편지를 담아 보도 자료를 냈다.

두 번째 영화는 〈아워 이디엇 브라더〉였다. 이 영화는

전 세계에서 개봉한 영화지만 오직 한국에서만 볼 수 있는 빨간 선

세상을 바꾸는 것은 영웅이 아닌 보통 사람이라는
메시지와 선한 사람을 바보 같다고 말하는 우리가
바보인지도 모른다는 사실을 전하다고 생각했다. 그래서
제목에 있는 'Idiot^{바보}'라는 단어에 빨간 줄을 그었다.
영화와 관련된 모든 제작물 디자인에도 빨간 줄을
적용했다. 이것은 오직 한국에서만 볼 수 있는 디자인이다.
바보 같아 보이는 형제가 사실은 절대 바보가 아니라는
스포일러를 디자인을 통해 스토리텔링한 것이다.

영화 〈아워 이디엇 브라더〉를 위해 조앤컴퍼니와 함께
DVD를 제작했다. 서로 다른 분야의 크리에이터가 모인
조앤컴퍼니와 손을 잡고 영화 속 이야기를 담은 새로운
콘셉트의 DVD 스페셜 에디션을 만든 것이다. 프레인과
조앤컴퍼니는 우리 시대의 이디엇을 대변하는 7명의
인물을 선정해 인터뷰를 진행하고 각각의 이야기가 담긴
DVD 제작을 기획했다. 스토리는 프레인이 담당했고
디자인은 조앤컴퍼니가 맡았다. MMMG의 대표 배수열,
배우 김성균, 영화감독 겸 베이커리 대표 이철하, 배우
류승룡, 〈매거진 B〉의 편집장 최태혁, 영화감독 정지우,
방송인 오상진이 이디엇을 대표하는 7명으로 선정되었고
DVD 표지에는 이들의 얼굴이 전면에 등장했다. 영화 속에
한 번도 등장하지 않는 인물의 사진을 사용한다는 것은
어쩌면 위험할 수도 있는 엉뚱한 시도였지만 좋은 반응을
얻었다.

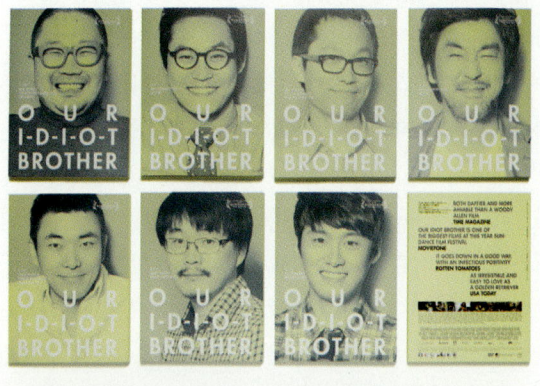

〈아워 이디엇 브라더〉
DVD에 등장하는 7명의
대표 이디엇

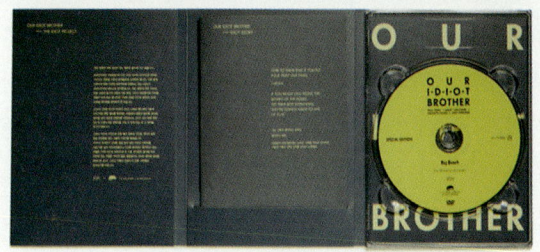

이와 같은 '협업' 프로젝트의 장점은 내가 갖지 못한 능력을
효과적으로 보완할 수 있고 다양한 시도를 할 수 있다는
점이다. 협업은 내게 부족한 능력을 갖춘 사람과 손을
잡는다는 의미다. 때에 따라서는 어떤 기능을 소유하려고
하기보다 필요한 기능을 가진 사람과 손을 잡는 것이
경제적일 수 있다. 그리고 협업은 곧 '믿음'이다. 만약 협업을
할 때 충돌이 발생한다면 그것은 프로젝트의 문제가

아니라 프로젝트 주체의 잘못일 수도 있다. 협업할 때 자신의 전문 영역이 아닌 곳을 침범하면 문제가 발생할 수 있다. 오직 프로젝트를 위해 최선을 다하겠다는 책임 의식과 서로에 대한 신뢰가 협업을 할 때에는 중요하다.

비즈니스의 성공 여부는 콘텐츠 자체의 질을 통해 결정된다. 비즈니스나 마케팅을 하는 사람이라면 무엇이 '의미 있는' 콘텐츠인지, '사람들이 좋아할' 콘텐츠인지 분별할 수 있는 눈이 필요하다. 이러한 감각은 프로젝트를 실행할 수 있는 능력과 좋은 아이디어를 발견하기 위해 오래도록 노력하는 과정에서 길러진다. 좋은 영화를 만들기 위해서는 수많은 영화를 봐야 하고 하나의 물건을 만들기 위해서는 다양한 물건을 사용해 봐야 한다. 좋은 것을 분별할 수 있는 눈을 키우면 다양한 콘텐츠를 조합하고 대중이 좋아할 법한 콘텐츠를 만드는 힘이 생긴다.

조직의 변화와 의지를 시각적으로 체계화한 프레인 TPC

최근 프레인은 플랫폼을 하나둘씩 추가하고 있다. 그중 주목해 볼 만한 것은 바로 '프레인 TPC'다. TPC는 'Talented People Careing'의 약자로 재능 있는 사람을 보살핀다^{Care}는 뜻이다. 보살핀다는 것은 관리한다^{Manage}는 것과는 다른 개념으로 접근하고 있으며 재능 있는 사람의

새로운 체계의 프레인 TPC 리퀴드 BI

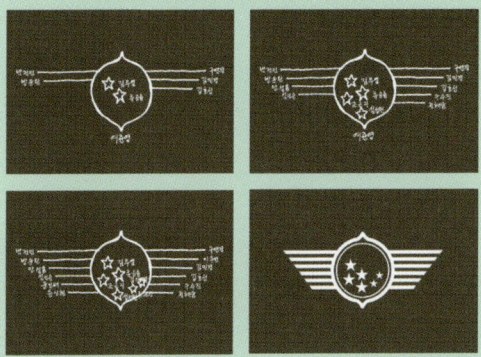

"We change our symbol everyday
We don't change any of our values."

프레인 TPC는 처음의 마음가짐을 잃지 않고 배우와의 약속을 지키고 있는지 리퀴드 BI를 통해 모두가 지켜볼 수 있도록 했다. 작은 스케치에서 출발한 리퀴드 BI는 2010년 5월에 출범한 프레인 TPC의 모습에서 시작되었다. BI의 왼쪽 라인은 배우의 연기를 돕는 케어팀이고 오른쪽 라인은 커뮤니케이션을 담당하는 대변인을 상징한다. 새로운 배우가 들어올 때마다 BI 중앙에는 별의 수가 늘어난다. BI는 끊임없이 변하겠지만 별의 숫자만 늘어나거나 케어팀과 대변인의 숫자만 늘어나는 일은 없을 것이다.

범위를 넓게 보고 있지만 현재는 배우에 집중하고 있다. 이렇다 보니 연예기획사로 오해받기도 하는데 프레인 TPC는 크게 개의치 않는다. 이 역시 새로운 시도이자 플랫폼 형태의 실험이기 때문이다.

어느 배우를 영입하느냐에 따라 회사의 운명이 결정되던 엔터테인먼트 시장을 어느 회사에 소속되었느냐에 따라 배우의 운명이 결정되는 시장으로 바꿔야겠다는 생각을 했다. 이를 위해서는 회사 자체의 경쟁력을 키워야 하는데 프레인 TPC는 관리가 아닌 보살핌이라는 개념을 도입함으로써 독보적인 경쟁력을 확보했다. 보살핌이라는 것은 배우를 배우답게 만드는 것으로 프레인 TPC가 지금의 고유한 체계와 밸런스를 유지하는 것이 필요했다. 이러한 정신을 반영한 것이 프레인 TPC의 리퀴드 BI다. 새로운 배우가 영입되거나 조직이 개편될 때마다 형태가 계속 변화하는 프레인 TPC의 리퀴드 BI는 그 자체로 가장 훌륭한 PR 수단이 되었다.

스티키몬스터랩과의 만남

프레인 글로벌은 2012년 1월부터 스티키몬스터랩의 지분 20퍼센트를 인수해 마케팅과 경영을 지원하고 있다. 20퍼센트의 지분은 기존 스티키몬스터랩 창업자와 같은

스티키몬스터랩
제6의 멤버 헌트는
여준영 자신이다.

비율이다. 스티키몬스터랩은 단편 애니메이션, 피겨 제작,
광고, 그래픽 디자인 등 작업 범위의 한계 없이 다양한
콘텐츠를 제작해 국내는 물론 해외에서도 인정받아 온
창작 집단이다. 각종 아트워크 외에도 CJ, 대우건설, 나이키

스티키몬스터랩의 피겨

등 국내외 대기업과 협업 활동도 활발히 진행해 왔다.

열심히 그리고 잘하는 젊은 친구들인데 더 많은 사람이 알지 못하는 게 안타까워 지원하고자 한 것이 출발이었다. 스티키몬스터랩의 6인 체제 속에서 나의 역할은 그들의 창작물을 구체적인 제품으로 발전시키는 기획자이자 널리 알리는 홍보·마케터였다. 눈앞에 있는 이익보다는 열정과 무한한 가능성을 믿고 시작한 새 프로젝트였다. 그 결과 스티키몬스터랩은 프레인을 비롯한 유수의 기업과 각종 이미지 작업에 협업하는 것은 물론 대중적인 인지도도 높아졌다.

스스로 프로젝트를 하는 회사

PR 회사는 광고주의 선택을 받아야 하는 입장에 놓여 있기 때문에 늘 프레젠테이션을 한다. 그러다 보면 자료를 만드는 데 많은 시간을 투자한다. 1년 중 대부분의 시간을 경쟁 프레젠테이션 준비로 보내는데 하나의 프로젝트를 수주하기 위해 10시간을 사용해야 한다고 가정하면 3시간은 자료 준비를 하기 때문에 효율성 면에서 떨어진다. 따라서 PR 회사라 할지라도 스스로 프로젝트를 할 수 있는 자생 능력이 필요하다.

만약 모든 PR 회사에게 "음료수를 팔아 봐!"라고 제안한다면, 가장 다양한 소재와 방식으로 PR할 수 있는 회사가 바로 프레인이다. 음료수를 시중에 내놓으려면 공장이 있어야 하고, 광고 제작을 위한 연예인이 필요하고 소비자에게 중요한 포인트가 되는 마케팅을 알아야 한다. 그리고 무엇보다 이 모든 것을 통합할 수 있는 시스템이 필요하다. 프레인은 제품 홍보 계획을 세울 때, 프레인 TPC에 소속된 오상진이 런칭쇼의 사회를 보고 류승룡이 모델이 될 수 있다. 또한 홍보 영상은 스티키몬스터랩이 할 수 있다. 또한 그 제품을 영화 속에 등장시킬 수도 있고, 프레인이 운영하는 식당을 통해 손님에게 노출할 수도 있다. 이것이 바로 프레인의 경쟁력이며 프레인이 오래전부터 상상해 온 일을 하나둘씩 성실하게 만들어 온 결과다.

03
미래 커뮤니케이션 방법에 대한 전망

트랜스 시대를 맞아 되새기는 PR의 본질

과거에는 기업과 소비자의 커뮤니케이션이 보이지 않고 사라지는 시대였다면 지금은 그 증거와 히스토리가 쌓이는 시대다. 아무리 사소한 데이터도 언제든지 끄집어낼 수 있다. 과거에 했던 말, 실수들이 쉽게 노출될 수 있다. 이제는 개인은 물론 기업도 과거의 모든 행적이 영원히 사라지지 않을 것이라 여기고 커뮤니케이션해야 한다. 이제 거짓은 통하지 않는다. 신정성만이 통하는 시대다. 이번 고비만 넘기면 된다는 안일한 생각은 버려야 한다.

최근 PR 회사에 관심을 갖는 인재가 점점 늘어나고 있다.

과거에는 언론사, 광고 회사에 집중되었던 인재가 PR 산업에도 유입되고 있는 것이다. 새로운 인재의 유입은 새로운 기회가 늘어난다는 뜻과 같다. 이미 한 번의 큰 변화를 겪은 PR 산업이 다시금 큰 변화의 흐름을 앞두고 있는 것이다.

오늘날 PR 산업은 이미 만들어진 제품을 몇 개 더 파느냐가 중요한 것이 아니다. 과거와 달리 제품을 만드는 단계부터 PR 회사가 참여하는 경우가 증가함에 따라 대중의 트렌드를 파악하고 제품의 특징을 어떻게 트렌드와 접목해야 하는지를 조언할 수 있어야 한다. 제품 고유의 특징과 트렌드를 접목할 때 비로소 대중에게 한 발짝 다가갈 방법이 보인다. 그리고 그 방법은 기존의 PR 산업이 고수했던 방법일 수도 있고 누구도 생각하지 못했던 형태로 나타날 수도 있다.

프레인의 경우 전혀 새로운 분야에 도전해 플랫폼을 확장함으로써 누구도 쉽게 흉내 낼 수 없는 새로운 PR 체계를 구축했다. 소속 배우를 활용해서 대중을 사로잡을 수 있는 스토리텔링을 만들 수 있게 되었고 이는 광고주는 물론 광고 제작자의 수고를 덜어내는 일이기도 했다. 더 나아가 분야별 경계를 허물고 지식을 넘나드는 트랜스 활동이 높은 경쟁력을 확보하는 것임을 증명해 냈다.

트랜스 시대는 모든 것에 도전하고 시도해야 하는 시기다. 분야 간의 장벽은 낮아졌으며 대자본의 논리가 점점 통하지 않는 이 시점에서 이미 몇몇 발 빠른 기업은 트랜스 시대에 적합한 구조로 변화를 꾀하고 있다. 그러나 규모가 큰 기업일수록 변화의 속도는 더딜 수밖에 없다. 이것은 그동안 제 목소리를 내지 못했던 작은 기업에게는 매우 큰 기회다. 새로운 분야에 도전하고 경계를 뛰어넘는 시도를 끊임없이 한다면 기회가 올 것이다.

새로운 분야로 옮겨갈 때 그 일에 대해서 아무것도 모르는 사람이 되어서는 안 된다. 무작정 밑바닥에서 시작하는 것이 아니라 충분한 정보와 지식을 습득한 상태에서 발을 디뎌야 한다. 비록 속도에서 뒤처지더라도 말이다. 프레인은 눈에 잘 보이지 않을 만큼 더딘 속도로 움직여 설사 경쟁사에 추월을 당한다 하더라도 이런 방식을 고수하며 일하고 있다. 마케팅의 핵심이 본질을 지키면서 변화하는 것이라는 메시지를 잊지 않기 때문이다.

5
한명수

복잡함과 공감의 시대, 행동을 유발하는 감성 플랫폼이 중요하다

> "
> 새로운 콘텐츠를 구상하는 '안목'이 필요하다. 새로운 것에만 열중하는 것이 아니라 변하지 않는 가치를 알아야 한다. 트랜스의 의미는 결국 '뒤를 보라'이다. 과거를 돌아보면 미래가 보일 것이다.
> "

홍익대학교와 동 대학원에서 시각디자인을 전공했고 2006년까지 웹에이전시와 여러 디자인 회사에서 디지털 환경에 필요한 정보 디자인, UI 디자인, 브랜드 디자인 등 인터랙션 디자인과 관련된 일을 했다. 이후 ㈜SK커뮤니케이션즈에서 UXD Center 센터장이자 상무로 근무했으며 현재는 ㈜한샘 디자인혁신센터 이사로 활동하고 있다.

01
정보가 흐르는 확장된 감성의 시대

정보가 흐르는 시대의 승부수

우리나라의 80년대는 금성의 '테크노피아'와 삼성의 '휴먼테크'가 격돌하던 시절이었다. 그 당시 광고는 어떻게 하면 뛰어난 기술력을 대중의 눈에 보이게끔 하는가에 중점을 두었지만, 오늘날에는 기술력은 숨기고 감성 메시지를 전달한다. 스타일은 이렇게 다르지만 예나 지금이나 변하지 않은 공통점이 있다. '사람과 기술은 서로 연결되어 있다'는 메시지다. 포스트모더니즘 시대 이후 '감성'은 매우 중요한 키워드로 부상했다. 이제는 더 나아가 '공감'의 시대로서 '행동을 유발하는 감성'이 중요한 시대가 되었다. 웹을 통한 제품 광고도 과거에는 많은 정보를

전달하는 인포메이션 방식이 주를 이루었지만 지금은
사람의 감성을 자극하는 스토리텔링 방식이 중요해졌다.

이러한 변화 속에서 '정보'의 역할 또한 달라졌다. 과거에는
정보를 분류하기 위해 위계를 만드는 인덱스 구조가
중요했다. 그러나 잘 정리된 정보 체계를 열람하는 것이
전부인 과거의 인덱스 구조는 오늘날의 사용자에게 만족을
주기에는 부족하고 급증하는 정보를 인덱스 구조에 담을
수도 없게 되었다.

이제 정보가 '흐르는' 시대가 되었다. 정보를 선택할 시간도
없이 계속 흘러가는 상황에서는 '시간'을 점령하는 것이

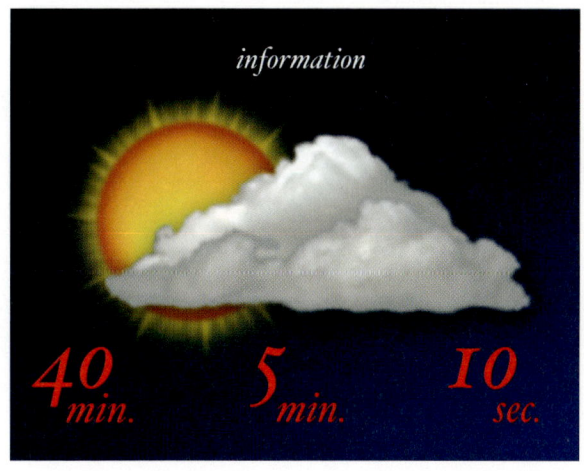

일기예보와 관련된
정보 습득 시간의 변화

끊임없이 흐르는 별과
같은 정보들

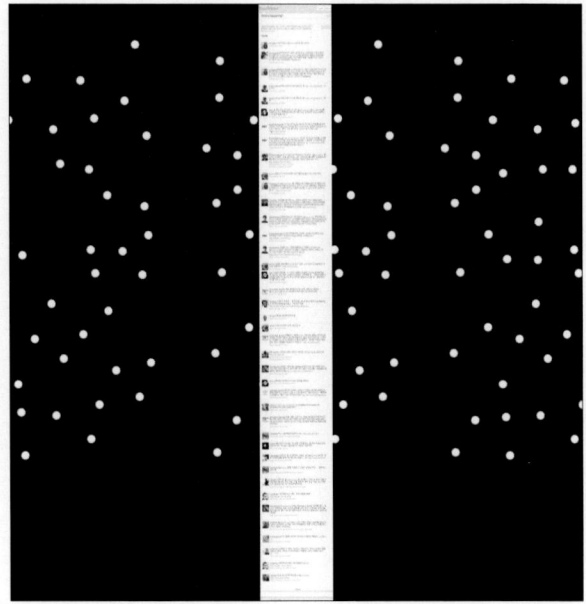

집중, 분산, 분포되는
네트워크의 형태
(Paul Baran, 1964)

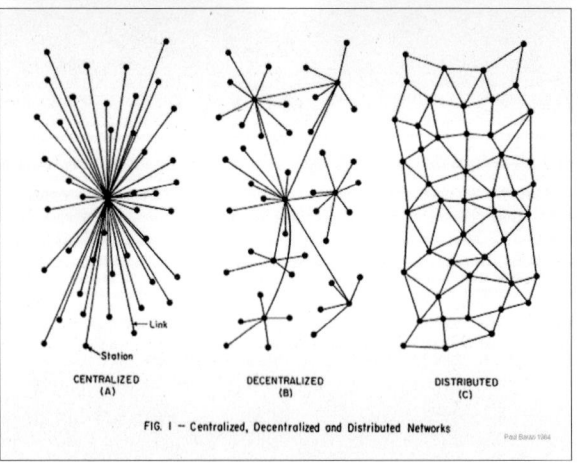

중요하다. 시간을 점령하는 서비스가 승자가 될 것이다. 날씨 정보를 예로 들면, 과거에는 일기예보를 확인하기 위해 TV 뉴스를 40분 동안 보아야 했다. 그러나 인터넷이 발달한 이후에는 인터넷을 통해 5분이 채 걸리지 않는 시간 안에 날씨를 확인할 수 있게 되었다. 이후 스마트폰이 출시되자 날씨를 보는 데 걸리는 시간은 10초가 채 걸리지 않는다. 즉 과거보다 39분 50초를 아끼게 된 셈이다. 이제 일기예보를 확인하기 위해 사람들은 뉴스를 기다리지 않는다. 일기예보에 한해서는 스마트폰이 뉴스보다 시간을 점령하는 데 성공한 것이다.

정보가 흐르고 있다는 사실을 확인할 수 있는 또 하나의 예는 '페이스북'이다. 빠르게 흘러가는 정보를 통제하기 어려운 상황에서 페이스북은 시간을 붙잡는 역할을 한다. 미디어가 일방적으로 이야기를 전달하는 전통적 미디어 시대에서 소셜 미디어 시대로 접어들면서 모두가 미디어의 주인이 되는 시대가 되었다. 초기의 소셜 미디어는 '방문자' 숫자가 중요했고, 이후에는 '댓글' 개수가 중요했다. 쏟아지는 정보의 양이 더 많아진 지금은 댓글을 달기도 바쁜 나머지 '좋아요' 하나만 누르는 것으로 만족하고 있다.

그동안 미디어는 체계적인 정보 위계를 강조한 '인덱스' 구조에서 정보 전달력은 점차 사라지고 그 형식만 유지한 상태에서 사용자가 메뉴를 마음대로 바꾸는 '감성 인덱스 구조'로 변했다. 더 나아가 지금은 인덱스 구조조차 없어지고 있다. 이런 상황 속에서 정보를 어디에 둘까 고민하는 것은 무의미해졌다. 정보를 인덱스로만 다루는 야후에서 구글로 많은 사람의 마음이 옮겨간 이유도 여기에 있다. 구글의 메인 페이지는 매번 기념일마다 모습을 바꾸는 로고와 함께, 검색어를 입력하면 연관이 있는 단어를 자동으로 보여 줌으로써 사용자로 하여금 '존중하고 배려하는 디자인'이라고 느끼게 하고 있다.

오늘날 정보의 양은 매우 방대하고 혼재되어 있다. 다양한 정보가 호환되지 않은 채 한 공간에 모여 있는 불편하고 복잡한 상황이 오늘의 현주소다. 이런 상황 속에서는 낯선 자극이 새로운 프레임을 생성하거나 커다란 콘텐츠 파워를 만들어 내기도 한다. 복잡함에 질린 사람들은 가볍고 쉬운 것에 열광하고 모방 욕구가 복제와 재생산을 양산한다. 하지만 이러한 경우에는 대부분 생명력이 그리 길지 않다.

빠르게 흘러가는 정보 속에서 사람들이 스스로 재생산을 할 수 있도록 하기 위해서는 '스토리텔링'이 필요하다. 정보의 지속성과 스토리텔링이 함께 이루어지려면 '플랫폼'에 주목해야 한다. 지속성을 확보한다면 그것은 곧 돈이 되기 때문에 모든 통신전문가와 기업은 지속성을 확보하려 노력하고 있다. 새로운 콘텐츠를 구상하는 안목도 필수다. 결국은 양질의 콘텐츠를 어떠한 플랫폼으로 어떻게 제공하느냐의 싸움이며 끝없이 반응을 이끄는 기업과 서비스만이 생존하는 시대가 될 것이다.

02
온라인 서비스 브랜드의
플랫폼 진화

온라인 서비스 브랜드의 기회와 위협

오프라인 상품의 마케팅은 제품과 돈을 교환하는 소비재 방식이었다. 그러나 온라인 서비스는 완벽한 경험재로서 기본적으로 '무료'다. 온라인 서비스는 기본적으로 초기에는 무료지만, 사용자가 지금보다 양질의 고급 서비스를 필요로 하는 결정적인 순간에 돈을 지급하는 구조를 지니고 있다.

오늘날은 모바일의 시대다. 과거 포털 사이트와 비교해 보면 서비스 기능은 더욱 세분되었고 플랫폼은 더 작은 단위로 쪼개졌다. 이제 사람들은 한 플랫폼에 오랫동안 머무르는 것보다 다양한 플랫폼을 오가며 공짜로 즐기는 것에 익숙해졌다. 이러한 사용자의 특성을 반영하듯 오프라인 상품과 달리 온라인 서비스는 사용자의 취향에 맞춰 빠르게 변화하고 있다. 인스타그램이 초기에는 사진을 찍고 보정하는 사진 관련 앱 서비스였지만, 지금은 SNS가 된 것처럼 말이다. 인스타그램이 SNS 형태가 되리라고 아무도 예상하지 못한 것처럼 브랜드가 앞으로 어떤 모습으로 변하게 될지는 점점 더 예측하기 어려워질 것이다. 처음 만들었던 브랜드에 생산자의 철학이 있다고 할지라도 사용자의 욕구가 다양하고 불규칙적이며 온라인 서비스는 공짜라는 생산자의 인식 때문에 브랜드는 쉽게 변형될 가능성이 높다. 그리고 브랜드가 이것을 수용하지 않으면 사용자는 그 공간에 머무르지 않는다. 생산자는 브랜드 유지를 원하고 사용자는 브랜드가 변하기를 원하는 두 가지 긴장감 속에서 브랜드의 외연은 점점 넓어진다.

브랜드의 변화가 빠르게 진행될수록 더욱 다양한 사용자의 욕구가 나타나기 때문에 서비스를 지속적으로 변경해 주어야 하는 어려움이 있다. 사용자의 모든 요구를 수용하게 되면 브랜드는 기대한 공룡 형태가 된다. 이를 방지하기 위해 기업은 서비스를 세분화하는 추세다. 서비스를 독점하는 공룡 시스템에서 벗어나 세분된 서비스를 연결하는 새로운 플랫폼 형태로 공생하는 에코 시스템이 필요해진 것이다.

브랜드가 10년 동안 지속적으로 성공하기 위한 전략은
간단하다. 대중의 이야기를 잘 듣고 그들의 반응을
끌어내는 포인트를 잘 잡으면 된다. 이를 위해서 그동안
'공룡 시스템'이 작용했다. 공룡 시스템이란 브랜드가
시간이 지날수록 서비스에 계속 살을 붙여서 체력을
보강하는 것으로 브랜드의 개수가 늘어나 결과적으로
기업의 몸집을 크게 키우는 데 영향을 주었다.

그러나 『사용자 경험스케치』의 저자인 빌 벅스톤 Bill Buxton 은
자신의 책에서 "젖소로부터 우유를 끝없이 짜낼 수는
없다."는 새 젖소의 법칙을 주장하며, 아무리 잘 만든
브랜드, 서비스도 시간이 흐르면 결국에는 생명력을
잃게 된다고 했다. 기업의 몸집을 키우는 것은 브랜드의
영속을 의미하지 않는다. 오히려 100년이 넘는 시간 동안
기억되는 브랜드는 공룡 시스템에 의존한 기업이 아니다.
회사의 규모를 키우는 것보다는 브랜드의 신념을 갖고
소통하겠다는 결단을 내린 기업이 살아남는다. 독점과
선점이라는 경쟁적인 마인드가 아니라 파트너십과
공생이라는 개념을 인지한 기업이 후대에 기억된다.

온라인 서비스를 기반으로 한 기업이라면 여기에 한
가지 조건이 추가된다. 무료 기반 서비스에서 유료 기반
서비스로 소비자를 효과적으로 이동시킬 수 있는 전략이다.
이 모든 것이 충족될 때 온라인 브랜드는 생명력을 유지할

빌 벅스톤
캐나다의 컴퓨터
공학자이자 디자이너로
현 마이크로소프트
리서치 센터의 수석
연구원이다.

새 젖소의 법칙
브랜드와 디자인도
유기체와 같아서
언젠가는 가치를 잃고
소멸할 수 있다는
이론으로 빌 벅스톤이
자신의 책에서 언급한
이론이다.

수 있고 공룡 시스템과는 전혀 다른 에코 시스템이 기업의 새로운 신조가 될 수 있으리라 믿는다.

최근 에코 시스템을 실천하고 있는 기업이 조금씩 늘어나고 있다. 한 예로 콘텐츠 공유 서비스인 텀블러^{Tumblr}가 있다. 텀블러는 미디어에 광고를 수록하지 않고 공짜로 주는 플랫폼 서비스를 하고 있다. 최고의 콘텐츠를 제공하겠다는 핵심 가치에 집중해 공룡 시스템을 적용하지 않았다. 브랜드 신념 하나로 모든 투자 가치를 환원하고 있는 것이다. 전 세계 스마트폰 사용자가 가장 많이 사용하는 앱인 에버노트^{Evernote}도 에코 시스템의 유형을 잘 밟고 있는 사례다. 보통 서비스가 많은 사람의 관심을 받으면 브랜드에 살을 키우기 마련인데 에버노트는 브랜드의 규모를 키우는 선택을 하지 않았다. 대신 유료 서비스와 무료 서비스 사이에 혜택의 차이를 두어서 소비자로 하여금 자발적으로 유료 서비스로 전환할 수 있도록 유도했다.

서비스 간의 경쟁이 아니라 공생으로 브랜드의 생명력을 유지한 사례로는 카카오를 꼽을 수 있다. 앨범, 대화, 맛집 등 서비스를 페이지별로 나누어 서비스하는 것이 카카오의 기본 형태다. 서비스 형태로 보면 전체를 관리하지 않고 각 파트별로 나누어서 관리한다는 것을 확인할 수 있다. 서비스를 낱개로 쪼개서 스스로 커 나가게 한다는 의미의 공존, 공생의 에코 시스템인 것이다.

에코 시스템은 브랜드를 커다란 공룡으로 키워서 사용자가 헤어나오지 못하게 하는 강압적인 방식의 소통이 아니라 작은 브랜드지만 확고한 신념으로 경쟁력을 확보하고 각 서비스 사이를 긴밀하게 연결하는 고리 역할을 강화함으로써 소통하는 새로운 플랫폼 형태를 지향한다. 이것이 후대에도 사랑받는 기업의 비법이며 공룡 시스템에 대항하는 에코 시스템의 강점이다.

복잡성의 미학, 인간의 이중성과 타이밍

디자이너가 쉽게 빠지는 오류가 있다. 바로 디자인 모형에 대한 애착이다. 하지만 디자인에서 가장 중요한 것은 사용자가 제품과 서비스를 이용할 때 느끼는 수용도, 특히 '편안함'이다. 사용자가 느끼는 편안함은 대상이 친숙할 때 나타나는데, 디자이너가 만든 정교한 모형은 때때로 사용자가 거리감을 느끼는 요인이 된다.

일례로 미국의 신문 〈USA TODAY〉는 매우 심플하게 새로운 아이덴티티를 만들었는데 오히려 트래픽이 뚝 떨어졌다. 너무나 세련된 디자인에 사람들은 거부감을 보였고 오히려 이전 디자인에 대한 향수가 짙어졌다. 이것이 디자인에 대한 '이중성'이다. 익숙한 디자인으로 돌아가고 싶은 욕망과 새로운 디자인에 대한 갈망을 동시에 가지고 있는 것이다. 미디어는 이러한 '이중성'을 적절히 활용해 어느 때에는 친숙하게, 어느 때에는 충격적으로 사용자에게 다가가야 한다.

사람의 속마음은 복잡한 것을 쉽게 얻고자 하는 본능이 있다. 이러한 심리를 반영해 의도적으로 서비스를 복잡하게 만들기도 한다. 그 예가 바로 SK커뮤니케이션즈의 서비스다. 대부분의 IT 업계 디자인이 정보 기반인 데 반해, 네이트와 싸이월드는 '사람의 관계성'에 초점을 맞췄다. 인간관계를

해석한 디자인이기에 복잡할 수밖에 없었고 매끄럽지도
않았다. SK커뮤니케이션즈는 오히려 이러한 정체성을
부각하기 위해 의도적으로 디자인 가이드라인을 지키지
않았다. 산만함 가운데 아슬아슬한 균형점만 잡으면
된다는 생각에 검색과 SNS를 결합하는 전략을 세우고
사용자에게 복잡한 정보를 선보였다. 다소 복잡해
보이지만 뉴스, 오락, 지인의 소식 등 풍부한 콘텐츠를
제공하여 네이트를 찾는 사용자의 다양한 욕구를
만족시켰다. 서비스 화면 디자인은 그리드를 지키지 않고
변칙 구성을 취했다. 박스 형태로 정형화된 포털 서비스의
구조를 깨부순 것이다.

디자인도 도식적 UX가 아니라 자유로운 표현을
시도했는데, 공수가 많이 들어가는 문제가 있었다.
그동안은 정해진 프레임 안에 매일 새로운 뉴스를 바꿔서
올리기만 했다면, 디자이너가 하나하나 만져야 하기
때문이다. 디자인을 매일 어떻게 수작업으로 바꾸느냐며
반대가 많았지만, 비효율적인 시스템이 아이러니하게도
트래픽 숫자를 확실히 올렸고 SK커뮤니케이션즈는
변화하는 디자인 생태계 속에서 확실한 아이덴티티를
형성할 수 있었다.

싸이월드의 진화,
취할 것은 취하고 버릴 것은 버리다

국내 원조 SNS로서 큰 의미를 갖는 싸이월드는 2000년 처음 선보인 이래 13년이라는 오랜 시간 동안 지속적인 진화를 시도하고 있다. 2013년 7월 4일, 싸이월드 미니홈피 베타 버전을 공개했다. 싸이월드가 그간 쌓아온 오랜 역사와 자료를 활용해 개인이 쌓아 온 사진과 게시물을 전면에 배치해 개인의 정체성을 표현하는 '내 공간'이라는 개념을 한층 강화했으며, 보다 쉽고 편리하게 개인 기록을 저장하고 관리할 수 있도록 아카이빙 기능을 강조했다.

맨 처음 싸이월드의 시작은 개인의 공간을 만들어 주자는 것이었다. 당시에는 개인이 홈페이지를 만드는 것이 어려운 일이었기 때문에, 온라인에 개인의 공간을 만드는 것이 의미가 있었으나 SNS의 열풍이 크게 확산되면서 싸이월드의 정체성에 혼란이 왔다. 본래 '아카이빙' 서비스를 담당하던 싸이월드가 SNS 서비스 형태로 변하면서 방향성이 흔들린 것이다. 또한 10여 년 동안 서비스를 지속하면서 미니홈피의 공간을 더 넓혀 주기를 바라는 사용자의 요구가 있었지만 경영 차원에서 모든 의견을 수용할 수는 없었다.

사용자가 진정 원하는 것에 포커스를 맞춰서 브랜드의

싸이월드 미니홈피 베타
버전의 화면 디자인

진정성을 회복하게 된 계기는 바로 2013년, 새롭게
만들어진 싸이월드 미니홈피 베타 버전을 통해서다.
불필요한 요소를 제거하고 SNS로서 싸이월드가 아닌,
본래의 '내 공간', '나의 아카이빙'을 위해 다시 태어났다.
기존의 싸이월드가 가지고 있는 가치와 철학을 다시금
되새기며 취할 것은 취하고 버릴 것은 버린 결단이었다.
'싸이월드다움'을 한 마디로 표현하자면 '마이홈'이다.
사람들은 근본적으로 어디에서도 '자신의 집'이 있어야
한다는 철학적인 의미를 담고 있다.

상단 캘린더 탭을 통해 특정 연도, 월, 일 등으로 과거의
사진을 빠르게 찾아 볼 수 있어서 나만의 추억을 회상하기
좋다. 시각적으로 가장 눈에 띄는 변화는 팝업창을 버리고
화면 전체를 활용하였다는 점이다. 이제 사용자는 큰
화면을 통해 다양한 콘텐츠를 경험할 수 있다. 메뉴와
기능은 최소화하고 이미지와 사진 중심으로 최적화한
화면 구성은 사용하기 편리하며 기능 또한 단순화되어
직관적으로 이용할 수 있다. 한곳에서 게시물 작성, 편집,
관리 등 모든 기능을 제공하고 언제든지 게시물 수정, 이동,
삭제 등을 한꺼번에 할 수 있도록 해 흘러가기만 하는
SNS와 차별점을 두었다.

처음에는 타인의 삶을 엿보고, 남들에게 자신을
과시하고자 하는 두 가지 속성의 결합으로 싸이월드가

성장했다. 그러나 이제는 다른 사람의 시선에 상관없이 자신의 일상을 기록해 두고자 하는 사용자 속성에 주목한다. 사용자의 이중적인 니즈, 즉 남에게 드러내고 싶은 욕망과 혼자 기록하고 간직하고 싶어 하는 두 가지 욕망이 각각 만족도가 다르다는 것을 알게 된 것이다.

아무리 좋은 서비스라도 사용자의 니즈와 기능을 계속해서 반영하다 보면 복잡해진다. 한 번 복잡해지면 정체성을 잃어버려 이전 상태로 돌아가기 쉽지 않다. 서비스 기능을 단순하게 만드는 이유도 결국 사람들이 원하는 복잡함을 단순하게 풀어 주기 위함이다. 서비스 기능의 단순함과 복잡함, 사람들 속마음의 단순함과 복잡함, 이 복잡한 관계를 단순하게 구분해 주어야 하는 아이러니를 풀어야 한다. 이러한 양가적인 가치 사이에서 타이밍을 맞추어 균형을 잡아 나가는 것이 온라인 서비스 브랜드의 관건이다.

본질적인 디자인에 대한 개인적인 생각

매일 보는 틀에만 얽매이면 좋은 디자인이 나올 수가 없다. 그러나 '본질'을 부여잡으면 스타일은 자연스럽게 따라오게 된다. 틀을 깨기 위한 좋은 방법은 '질문'이다. 익숙하고 당연하게 여기는 것을 깨트리는 질문을 해야 한다. 계속 질문을 하다 보면 다음 것이 보인다. 이어서 갖춰야 할 태도는 '탐구와 관찰'이다. 기본이 없으면 파격을 실현할 수 없다. 탐구하고 관찰하면 우리가 사는 세상 모든 것에서 '패턴'을 발견할 수 있다. 눈을 열면 패턴이 보이기 시작한다.

20년 전 TV 리모컨과 요즘 나온 스마트폰의 모양새가 비슷하다. 60년 전 만든 디터 람스$^{Dieter\ Rams}$의 오디오는 지금 보기에도 촌스럽게 느껴지지 않는다. 이런 식으로 과거 디자인이 현재에 발견되는 경우가 많다. 이제는 새로운 무언가를 발견하는 것보다 변하지 않는 것을 잡아채는 능력이 중요하다. 변하지 않는 패턴을 꿰뚫을 수 있다면 문제 해결 능력을 깨칠 수 있다.

디터 람스의 오디오
독일의 소형가전 브랜드, 브라운의 제품이다. 디터 람스는 브라운을 30년간 이끌었고 애플의 아이팟과 아이폰의 디자인 모델로 유명해졌다.

세상은 인사이트가 있는 사람과 없는 사람, 둘로 나뉜다. 통찰력은 어디에서도 가르쳐 주지 않는다. 그렇다면 통찰력은 어떻게 얻을 수 있을까? 정답이 있을 수는 없지만 과거를 봐야 한다고 말할 수 있다. 과거를 현재에 접목해야 미래를 보는 눈을 넓힐 수 있다.

변하는 것과 변하지 않는 것의 구조를 갖춘 설계

무료라는 특성을 지닌 온라인 서비스는 사용자의 사용 행태에 따라 많은 변화가 이루어진다. 그렇기 때문에 기능을 추가하거나 변경할 때, 사용자 스스로 변형할 수 있도록 여지를 남겨야 한다. 따라서 변화의 여지를 남기는 부분과 반드시 변하지 않도록 지켜야 하는 부분을 구분하여 계획하고 설계해야 한다. 오늘날 브랜딩에서는 지켜야 할 영역이 축소되어 가장 최소한의 부분에만 일관성을 반영하는 추세다. 변하지 말아야 할 부분은 최소화하고 변해도 되는 부분을 넓게 열어 두는 것이다.

예를 들어 글자 크기를 규정하면 사용자는 정해진 규칙을 넘어서려는 특성을 보이며 새로운 글자 크기를 사용하려 시도할 것이다. 이러한 사용자의 요구를 예상해 변용이 가능한 글자 크기를 위한 가이드라인을 만들어야 한다. 변하는 요구를 수용하기 쉽게 브랜드 서비스 가이드를 처음부터 너무 엄격하게 만들면 안 된다. 최소 규율만 두고, 사용자가 쓰는 행태에 따라 변화할 수 있는 여지를 충분히 열어 두어야 한다.

사용자의 요구는 계속해서 바뀌기 때문에 온라인 브랜드 서비스는 단순하게 접근하고 있다. 예를 들어, '배달의 민족'이라는 외식 배달 서비스 앱을 보면 정보와 관련한 텍스트 부분만 유지하고 나머지는 창발성 있게 운영해 나가는 방식으로 최소한의 부분만 지키려고 노력하고 있다. 포털 서비스 '네이버'도 컬러 부분을 제외하고는 다양하게 여지를 주는 방식으로 운영한다. 개인의 자유도가 점점 늘어나는 것이다. 오프라인에 비해 온라인은 진화의 폭이 훨씬 더 크기 때문에 강력한 일부 정체성만 붙들고 나머지는 스스로 진화하도록 자유롭게 남겨두는 것이다.

03
미래 커뮤니케이션 디자인에 대한 전망

트랜스 시대, 과거에 답이 있다

이전부터 역사의 흥망성쇠 패턴의 변화를 살펴보면, 점점 더 짧은 시간 안에 고도의 진화를 하고 있다는 것을 알 수 있다. 시간이 흐를수록 과거가 축적되어 성장의 속도는 단축되는 반면 수준 높은 성장을 할 수 있었던 것이다. 과거에 살았던 사람들도 현재 우리와 같은 고민과 갈등을 겪고 있었다. 산업혁명으로 윌리엄 모리스[William Morris]의 예술공예운동[Art and Craft Movement]이 일어났던 시대를 살았던 사람들은 오랜 시간 동안 인간으로서 누리던 것을 잃어버릴지도 모른다는 두려움을 느꼈다. 사람의 손길로 만든 것이 아닌, 기계에서 만들어진 생산품에 대한 반발로,

"다시 손으로 만들자."라는 구호를 외친 것은 지금 우리 시대에 이야기하고 있는 디지털과 아날로그에 대한 이슈와 별반 다르지 않다. 그들 역시 이성과 감성, 그리고 기술에 대한 고민 속에서 발전해 온 것이다. 이처럼 우리는 과거를 통해 새로운 지속 가능성을 발견할 수 있다.

트렌드는 '일관성'과 '다양성' 이라는 두 개의 축으로 움직인다. 브랜드 스토리를 만들 때에도 일관성과 다양성이 함께 어우러져야 한다. 오랫동안 사랑받는 브랜드를 보면 시대에 따라서 일관성과 다양성을 자유롭게 넘나들어 왔다. 사람들은 통상 브랜드가 고수하는 핵심 키워드를 절대 깨지 않을 것으로 생각하는데, 때로는 아무도 깨지 않을 것이라고 추측한 핵심을 용기 있게 버리는 대담함도 필요하다.

논리는 깨라고 있는 규칙이다. 깬다고 모든 것이 성공하는 것은 아니지만 새로운 방향을 모색할 수 있는 노력과 용기가 필요하기도 하다. 먹고 살기 위해서, 승진하기 위해서, 기업의 이익만을 추구하기 위해서 커뮤니케이션 방법을 모색하기보다 사용자, 소비자를 위하는 시각에서 대화하려는 노력이 필요하며 위기를 모면하려는 거짓보다 진정성을 갖고 소통하려는 진솔함이 필요하다.

모든 사람은 유토피아를 꿈꾸고, 지금보다 더 성장하고자 하는 욕구가 있기 때문에 앞만 보려 한다. 그러나 공룡 시스템에 견주어 볼 때, 오로지 앞만 보고 달린다면 결국 모두 함께 죽는다. 수천 년, 수만 년의 역사가 그것을 말해준다. 그래서 '뒤를 보는 것'이 중요하다. 뒤를 보면 미래의 비밀을 알 수 있다. 브랜딩 계획을 세울 때도 새로운 것에만 열중하는 것이 아니라 변하지 않는 가치를 알아채야 한다. 본질에서 단지 스타일과 겉모습만 바뀔 뿐이다. 결국에는 근본적인 가치만 남는 것이다. 트랜스의 의미는 결국 '뒤를 보라'이다. 과거를 돌아보면 미래가 보일 것이다.

APPENDIX

참고문헌
이미지 출처

참고문헌

CHAPTER 1. 변화를 바라보는 새로운 시선, 트랜스

1. 「미디어 확장과 진화에 따른 트랜스 브랜딩(Transbranding based on media expansion and change)」, 『디자인학연구』 제26권 제1호, 장동련·장대련·권승경(한국디자인학회, 2013), p.440.

2. 「접두어 'trans-'의 인문학적 함의: 탈경계 인문학 Trans-Humanities 연구를 위한 개념 고찰을 중심으로」, 『탈경계 인문학』 제3권 제3호, 조윤경(이화여자대학교 이화인문과학원, 2010), pp.6-8.

3. 「트랜스 미디어와 콘텐츠」, 『세계한국어문학회 학술대회』 2011년 11호, 신광철(세계한국어문학회, 2011), p.3.

4. 「Trans-Semiosis와 독서 행위: 돈키호테를 중심으로」, 『한국문학이론과 비평』 제44집(13권 3호), 최용호(한국문학이론과비평학회, 2009), p.87.

5. 『트랜스: 아시아 영상문화』, 김소영(현실문화연구, 2006), p.12.

6. 『트랜스포밍: 변화에 대한 낭신의 상식을 의심하라』, 브뤼노 자로송·베르나르 조베르·필립 반 덴 빌크, 강미란 옮김(비전코리아, 2010), p.5.

7. 『트랜스포지션: 유목적 윤리학』, 로지 브라이도티, 김은주·박미선·이현재·황주영 옮김(문화과학사, 2011), pp.13-14.

8. 『뉴미디어 시대의 예술』, 오은경(연세대학교출판부, 2008), pp.14-17.

9. 『간추린 서양 현대조각의 역사』, 허버트 리드, 김성회 옮김(시공사, 1998), pp.88-95.

10. 『테크노에틱 아트』, 로이 애스콧, 이원곤 옮김(연세대학교 출판부, 2002), p.184.

11. 『컨버전스 컬처』, 헨리 젠킨스, 김정희원·김동신 옮김(비즈앤비즈, 2008), pp. 145-151. 참고

12. http://www.artwa.kr/tc/841 (손부경, 「디지털 영화 vs 컴퓨터 게임, 다음 세대의 예술 형식에 관하여」, 2012), 참고

13. 『그래픽 디자인의 역사』, 필립 B. 멕스, 황인화 옮김(미진사, 2002), pp.483-484.

14. 『진동_오실레이션: 디지털 아트 인터랙션 디자인 이야기』, 제이 D. 볼터·다이안 그로맬라, 이재준 옮김(미술문화, 2008), p.91-92. 참고

15. 『현대 그래픽디자인의 몰형식성에 대한 리오타르의 숭고미학적 해석』, 김동빈, 홍익대학교 대학원 디자인공예학과 시각디자인전공, 박사학위논문, pp.108-109. 참고

16. 『뉴미디어 시대의 예술』, 오은경(연세대학교출판부, 2008.05.30), pp.1-2.

17. 『뉴미디어 시대의 예술』, 오은경(연세대학교출판부, 2008.05.30), pp.200-201

18. 『테크노에틱 아트』, 로이 애스콧, 이원곤 옮김(연세대학교 출판부, 2002), p.174

CHAPTER 2. 트랜징과 트랜스 미디어

1. '트랜징(Transing)'은 세계그래픽 디자인협의회 이코그라다의 홈페이지를 통해, "장동련과 장대련(Chang & Chang, 2011)의 〈Transing, living in the age of multi level change〉"라는 제목의 기사를 통해 처음으로 소개되었다.

2. Don Ryun Chang, Dac Ryun Chang, Seung Kyung Kwon, Transbranding based on media expansion and change, Archives of design research vol 26. no1, 2013, p.445

3. Don Ryun Chang, Dae Ryun Chang, Seung Kyung Kwon, Transbranding based on media expansion and change, Archives of design research vol 26. no1, 2013, p.445

4. http://blog.naver.com/stussy9505?Redirect=Log&logNo=60151470981

5. http://blog.naver.com/stussy9505?Redirect=Log&logNo=60122971226

6. http://www.creativereview.co.uk/cr-blog/2010/may/streetmuseum-app
http://www.museumoflondon.org.uk/Resources/app/you-are-here-app/home.html

CHAPTER 3. 트랜스 시대의 브랜딩

1. 트랜스 브랜딩(Trans Branding)은 하버드 비즈니스 리뷰(Harvard Business Review) 블로그를 통해 "장대련과 장동련(Chang & Chang, 2012)의 〈Maintaining a Unified Brand in a Fragmented World〉"라는 제목으로 처음 소개되었다.(http://blogs.hbr.org/2012/12/adjusting-to-change-in-brand-ma/)

2. Don Ryun Chang, Dae Ryun Chang, Seung Kyung Kwon, Transbranding based on media expansion and change, Archives of design research vol 26. no1, 2013, pp.450-451

3. Don Ryun Chang, Dae Ryun Chang, Seung Kyung Kwon, Transbranding based on media expansion and change, Archives of design research vol 26. no1, 2013, pp.450-451

이미지 출처

CHAPTER 1. 변화를 바라보는 새로운 시선, 트랜스

마르셀뒤샹, 〈계단을 내려오는누드 2〉(MarcelDuschamp, NudeDescending a Staircase, No. 2, 1912)
| ©Succession Marcel Duchamp/ADAGP, Paris, 2013

테오얀센, 〈해변생물〉(Theo Jansen, theStrandbeests, 1990)
| ©테오얀센 공식 홈페이지

프랭크게리, 구겐하임 빌바오 미술관(Frank Gehry,Guggenheim BilbaoMuseum, 1997) | ©구겐하임 빌바오뮤지엄

디스트릭트, 베이징 티파니플래그십스토어(d'strict, TIFFANY&Co. Beijing Flagship, 2010) | ©디스트릭트

앤디워쇼스키, 래리워쇼스키, 〈매트릭스〉(Andy Wachowski,Larry Wachowski, theMatrix, 1999~2003) | ©북앤포토

데이비드카슨, 잡지〈RAYGUN〉(David carson, 〈RAYGUN〉, 1992)
| ©David Carson Design

김형수, 〈자유부인〉(연출 및 안무: 김효진/출연: 김효진, 김형남, 곽재혁/ 주최: YMAP, 2009) | ©연세대학교 김형수 교수 제공

CHAPTER 2. 트랜징과 트랜스 미디어

영국의 런던박물관의 거리박물관 앱 실행 장면 | ©런던박물관

키아스마 현대미술관의 Make a better one yourself, then 캠페인
| ©키아스마 현대미술관

CHAPTER 4. 트랜스 브랜딩 사례

마이 택시 내부의 모습과 외관포천 과수원 햇빛농원 | ⓒ현대카드
Dr. 버블의 쇼케이스 | ⓒ현대카드
착한 정육점의 모습 | ⓒ현대카드
가회동에 위치한 현대카드 디자인 라이브러리 | ⓒ현대카드
현대카드의 슈퍼 시리즈 포스터 | ⓒ현대카드

하얀 가운을 입은 종업원의 모습 | ⓒ키엘
공병 재활용 캠페인에 사용된 이미지 | ⓒ키엘
한국에서 진행된 캠페인에서 선정된 작품들 | ⓒ키엘
다양한 에코백 디자인을 선보인 키엘의 공모전 | ⓒ키엘
아티스트와 콜라보레이션한 결과물 | ⓒ키엘
미스터 본즈를 만나다 프로젝트의 결과물이 적용된 패키지 디자인 | ⓒ키엘

한국 스타벅스 소공동점의 외관과 내부 | ⓒ스타벅스
스타벅스에서 출시한 생과일 주스 | ⓒ스티벅스

일본에서 진행된 유니클로 럭키라인 | ⓒ유니클로
타이완에서 진행된 유니클로 럭키라인 | ⓒ유니클로
일본에서 배포된 유니클락 | ⓒ유니클로
핀터레스트를 이용한 유니클로의 드라이메쉬 제품 홍보 | ⓒ유니클로
하라주쿠에 세워진 UT 스토어 | ⓒ유니클로
패트 용기에 넣어 주는 UT 티셔츠 | ⓒ유니클로
질 샌더와 협업한 플러스 제이 프로젝트 | ⓒ유니클로
UT 카메라 체험 부스 | ⓒ유니클로
UT 카메라앱 자료 사진 | ⓒ유니클로

카사 캠퍼의 내부 | ⓒ캠퍼
캠퍼의 대표적인 스토리텔링 캠페인 Imagination Walks | ⓒ캠퍼
신발의 소재를 활용한 캠퍼의 일기예보 | ⓒ캠퍼
자연을 실내로 끌어들이고자 했던 신발, 와비 | ⓒ캠퍼

이케아가 개발한 증강현실 카탈로그 | ⓒ이케아
페이스북 쇼룸 캠페인 | ⓒ이케아

지하철 역사에 설치한 이케아 임시 주택 | ⓒ이케아
이케아의 미로 같은 소비자 동선 | ⓒ이케아
디자이너의 애정이 담긴 이케아의 제품들 | ⓒ이케아

CHAPTER 5. 트랜스 생각들

이마트써니세일 프로모션 쉐도우 QR 코드 | ⓒ제일기획

삼성전자의 카메라 NX100의 광고였던 밴드 OK Go의 뮤직비디오
| ⓒOK Go공식 유튜브

칸 키메라 심사위원들의 워크숍 작업들 | 김홍탁 제공
CJ 미네워터 바코드롭 캠페인 | 김홍탁 제공

실버토크 포스터 | ⓒ제일기획

RSS로 연동한 세계 도시 시간의 시각화 | 정영웅 제공
인천국제공항 입국 심사대에 설치된 멀티스크린 | 정영웅 제공
인천국제공항에 설치된 앤틀러 | 정영웅 제공
아모레퍼시픽 설화수 고객을 위한 스파 공간 | 정영웅 제공
스파 공간에서 볼 수 있었던 영상 이미지 중 일부 | 정영웅 제공
상하이 엑스포 한국관 로고 | 정영웅 제공

퓨어아레나의 리퀴드 로고 | ⓒ프레인
전 세계에서 개봉한 영화지만 오직 한국에서만 볼 수 있는 빨간 선
| ⓒ프레인
〈아워 이디엇 브라더〉 DVD에 등장하는 7명의 대표 이디엇 | ⓒ프레인
프레인 TPC RI | ⓒ프레인
스티키몬스터랩 제6의 멤버 헌트는 여준영 자신이다 | ⓒ프레인
스티키몬스터랩의 피겨 | ⓒ프레인

끊임없이 흐르는 별과 같은 정보들 | 한명수 제공
집중, 분산, 분포되는 네트워크의 형태(Paul Baran, 1964) | 한명수 제공
일기예보와 관련된 정보 습득 시간의 변화 | 한명수 제공
싸이월드 미니홈피 베타 버전의 화면 디자인 | 한명수 제공